LES
CAUSERIES

D'UN GRAND-PÈRE

PAR

T. GARSAULT

Inspecteur de l'enseignement primaire au Havre

TROISIÈME ÉDITION

PARIS

LIBRAIRIE HACHETTE ET Cie

79, BOULEVARD SAINT-GERMAIN, 79

LES
CAUSERIES
D'UN GRAND-PÈRE

COULOMMIERS

Imprimerie PAUL BRODARD.

LES
CAUSERIES
D'UN GRAND-PÈRE

PAR

T. GARSAULT

Inspecteur de l'enseignement primaire au Havre

TROISIÈME ÉDITION

PARIS
LIBRAIRIE HACHETTE ET Cᵢₑ

79, BOULEVARD SAINT-GERMAIN, 79

1894

LES
CAUSERIES D'UN GRAND-PÈRE

PREMIÈRE PARTIE

LA FAMILLE

Dans un petit village situé sur les bords de la Loire, une grande maison attirait tous les regards. Au premier abord, rien ne semblait justifier cette

Une grande maison attirait tous les regards.

préférence, si ce n'est la hauteur de son pignon, qui dominait les petits toits de chaume et les coquettes habitations construites en forme de chalets. Mais, quand on regardait cette maison de plus près, on était séduit par son aspect pittoresque, par le charme tout particulier de ces vieux murs tapissés de lierre et de ces larges fenêtres cintrées, auxquelles la glycine faisait comme un encadrement.

On regardait avec plaisir la grande cour envahie par la végétation. On avait presque envie de mettre en branle la grosse cloche de l'entrée pour appeler les joyeux enfants qui avaient laissé leurs billes dans l'herbe. Quoique la maison fût délaissée, et la cour envahie par les herbes folles, on sentait qu'il y avait de la vie sous cette apparence d'abandon.

Près d'un chêne séculaire, un banc couvert de mousse invitait au repos. Les énormes branches de l'arbre couvraient de leur ombre une pelouse dont le gazon vert et serré formait un véritable tapis. Les oiseaux, qui avaient caché leurs nids dans la ramure du chêne, chantaient gaiement de joyeux refrains.

Une cloche sonna, et une douzaine de garçons mutins s'élancèrent sur la pelouse en faisant des cabrioles qui laissaient des traces vertes sur les pantalons de toile grise. Mais les mères elles-mêmes auraient-elles osé gronder, en voyant les yeux brillants de plaisir et les merveilleuses culbutes exécutées avec tant d'allégresse?

Un vieillard s'avança d'un pas tremblant; il avait la tête branlante, sa taille s'était courbée sous le poids des années, mais sa physionomie était douce et bonne. Après avoir promené un regard affectueux sur tous ces visages enfantins, il s'assit sur le banc et dit : « Mes petits amis, souvent vous m'avez demandé des histoires et je ne me suis guère fait prier pour vous satisfaire. J'ai l'idée aujourd'hui de vous raconter l'histoire de votre vieux grand-père.

Il me semble que je vous rendrai service en vous conduisant par la main sur cette longue route si tortueuse, au bout de laquelle j'arriverai bientôt et où vous faites seulement vos premiers pas. Cette grande route-là, c'est le chemin de la vie. Écoutez donc les causeries du grand-père; puisse son expérience vous servir en vous épargnant bien des peines. C'est mon vœu le plus cher.

Vous êtes étourdis, mais vous n'êtes pas des sots, et puis vous avez tous un bon petit cœur; par affection pour le vieux grand-père, vous vous intéresserez à ses récits. »

Et les enfants, si turbulents tout à l'heure, s'avançaient tout doucement vers le vieillard, et toutes les petites bouches murmurèrent gravement : « Commence, nous t'écoutons. »

« Je suis né un beau jour de mai, en même temps que les marguerites et les boutons d'or. Mon premier compagnon fut un petit chevreau, né le même jour que moi.

Ma mère est morte avant d'avoir pu m'embrasser, et une grande chèvre blanche, qu'on appelait Biquette, me donna son lait en même temps qu'au petit chevreau.

Mon premier compagnon fut un petit chevreau.

C'est elle qui a reçu mes premières caresses.

C'est elle qui a reçu mes premières caresses.

Pauvre Biquette! Elle fut dévorée par un loup un soir d'hiver et, le lendemain, la neige amoncelée devant l'étable était rouge de son sang !

C'est dans cette cour que j'ai fait mes premiers pas; c'est là, où vous êtes assis, que j'ai épié les petits insectes en quête de nourriture. C'est aux rameaux de ce chêne que je me raccrochais lorsqu'il m'arrivait de trébucher dans l'herbe trop haute. C'est dans ce petit fossé abrité par les groseilliers, que je me suis souvent caché pour avoir le plaisir

J'ai fouillé les nids des poules.

de me faire chercher. Dans cette grange, je me suis roulé au milieu des bottes de foin, qui sentent si bon et qui amortissent si bien les chutes. C'est dans ce vieux clapier aux lattes vermoulues que j'ai élevé mes lapins. Dans cette petite cabane grillée qui a été verte autrefois, j'ai souvent mis la main, fouillé les nids des poules et déniché leurs œufs. Ces cages abandonnées maintenant contenaient mes pigeons, vous entendez bien, mes pigeons à moi, à qui je me faisais un devoir de porter de l'eau fraîche tous les jours. C'est à la place foulée par vos pieds que j'ai cueilli mes premiers bouquets. C'est à cette large fenêtre entourée de jasmin, dont les senteurs arrivent jusqu'à vous, que j'ai admiré la splendeur du soleil, et les douces clartés de la lune. Le matin, le soleil resplendissant jetait partout des rayons d'or ; le soir, les étoiles d'argent donnaient une clarté mystérieuse, intime, qui me semblait presque caressante. »

Le grand-père, en promenant lentement ses yeux sur les vieux témoins de sa vie, avait la voix émue et parlait plus bas.

« Oh ! mes chers petits, vous êtes étonnés de mon émotion. Plus tard, vous la comprendrez en la ressentant à votre tour ! C'est si bon l'enfance ! Et c'est si doux les vieux souvenirs de ce temps-là !

A mesure que j'avançais dans la vie, chaque année a eu pour moi des heures d'amertume dont le souvenir me brise encore le cœur !

Ainsi, lorsque les autres enfants, heureux et fiers, préparaient en cachette une surprise pour la fête de leur mère, moi, j'avais du chagrin, et des larmes me venaient aux yeux. Alors ma grand'mère me prenait dans ses bras, elle m'embrassait doucement sans me parler ; puis elle murmurait à mon oreille, lorsque je pleurais trop fort, quelque chose de caressant qui me consolait un peu.

Mon grand-père était un jeune vieillard, vieillard par l'âge, jeune par la force. Lui seul dirigeait la ferme depuis la mort de mon père. Il avait toujours une réponse à mes questions, une bonne parole pour mon âme inquiète, et une récompense lorsque le maître d'école avait dit : « Paul a bien travaillé, je suis content de lui. »

Regardez cette fenêtre grise à moitié cachée par le chèvrefeuille : c'était la fenêtre de ma chambre. Dans cette large embrasure, je me suis souvent assis pour apprendre mes leçons, faire mes devoirs, et songer à bien des choses. Sur ce vieux petit banc fait par mon cher grand-père, je me mettais aux genoux de ma grand'mère, pour lui réciter une fable ou écouter des histoires qu'elle inventait. Ah! les bonnes histoires! Comme j'aimerais encore à les entendre! Si vous saviez comme ce qui vient de ceux qu'on aime fait plaisir! La famille, voyez-vous, c'est comme qui dirait l'univers des petits enfants; c'est l'amour de la famille qui rend l'homme meilleur, et c'est ce qui fait regretter la vie au vieillard.

Et pour vous, mes petits amis, cet univers des enfants dont je vous parlais tout à l'heure, c'est d'abord la maison dont vous dites : chez nous. C'est la mère qui vous prend sur ses genoux en

essuyant vos pleurs avec le coin de son tablier ou le
bout de son mouchoir. C'est la femme qui murmure
à votre oreille, pour vous tout seul, ces paroles si
douces qui sont comme la musique du cœur; ces
accents qu'on écoute encore lorsque le temps, qui
ne respecte rien, les a emportés dans le passé; ces
mots charmants qu'on devine sans les avoir enten-
dus, lorsqu'on a perdu sa mère, étant encore trop

C'est l'ange que l'enfant aime avant de le connaître.

jeune pour se souvenir d'elle. Oh! mes chers petits
enfants, une mère, c'est ce qu'il y a de meilleur au
monde! C'est l'ange que l'enfant aime avant de le
connaître, c'est la femme que l'homme respecte le
plus, que le vieillard pleure encore!

Adorez-la, vous ne l'aimerez jamais assez. Passez
lui doucement vos bras autour du cou et caressez-la
en disant : « Ma petite mère, je t'aime! » Vous ne
pouvez lui donner que vos baisers ; mais si vous sa-

viez comme vos baisers et votre tendresse la rendent
heureuse! Elle y puise le courage et la force de
se lever de grand matin pour préparer le repas de
son enfant pendant qu'il sommeille encore, la joie
de la vie sur les lèvres.

C'est elle qui le soir veille bien tard pour réparer
coquettement les désordres de
la toilette de son lutin bien-
aimé.

C'est encore elle qui, pendant bien des nuits, alors que
votre berceau limitait votre
horizon, chantait doucement,
pendant des heures entières,
ces chants charmants que les
mères trouvent dans leur
cœur pour endormir leurs petits enfants.

C'est elle qui veille bien
tard.

Alors vous n'aviez pour toute réponse à ses baisers inquiets que des cris de fatigue. Maintenant
vous voilà grands, vous êtes presque de petits
hommes. Vous courez bien fort, trop fort parfois,
mais c'est si bon, n'est-ce pas, de sentir qu'on a le
monde entier à découvrir! Il faut bien courir vite et
un peu partout pour en prendre possession.

Moi, j'aime vos joues roses animées par la course,
vos yeux brillants où des rayons de soleil semblent
se mirer, vos petits pieds agiles toujours en mouvement, et même vos questions indiscrètes qui

m'obligent à vous gronder doucement, sauf à vous embrasser tout de suite après.

Mais, pour l'amour de vos mères, mes petits enfants, n'allez pas si près des fossés, ne caressez pas d'une main trop hardie les chevaux et les chiens.

Repose-toi !

Cessez de courir, quand votre bonne mère dit doucement : « Repose-toi ! »

Vos mères ! Elles vous ont vus si petits, si faibles, si chancelants, qu'elles ne peuvent croire à votre force, et qu'elles ont toujours peur que votre audace irréfléchie ne vous entraîne vers quelque danger. Obéissez toujours promptement, l'obéissance est non seulement le premier devoir de l'enfance, mais une marque d'affection.

Parlez toujours doucement à votre mère. Ne prononcez jamais une parole qui puisse lui faire la moindre peine.

Si par hasard vous vous êtes oubliés, dites vite : « Pardon ! » et l'on vous pardonnera.

Aidez votre mère dans la mesure de vos forces. Dressez la table. Prenez le petit balai pour ramasser les miettes que vous jetterez aux poules, vos grandes amies. Placez soigneusement les assiettes sur le dressoir et sur le buffet. Ne tournez pas la clef du grand placard où sont serrées toutes les bonnes provisions dont vous êtes sûrs d'avoir votre part.

Ne donnez pas à votre mère une peine inutile en jetant vos vêtements pêle-mêle à la première place venue ; déposez-les, en bon ordre, sur la petite chaise qui est au pied de votre lit, pliez-les bien et brossez-les le matin.

Ne craignez pas de faire usage de l'eau : il ne suffit pas de l'admirer dans le ruisseau, il s'agit de vous en servir, quand votre mère l'a mise dans la cuvette.

Plongez-y hardiment votre tête, lavez-vous à grande eau et essuyez-vous bien.

Enfin, rendez-vous à vous-mêmes tous les petits services personnels que votre mère vous rendait autrefois. Vous lui épargnerez ainsi un surcroît de soin ; vous ne serez pas un modèle pour cela, mais simplement un enfant qui remplit son devoir.

Soyez prévenants. La prévenance de l'enfant pour

sa mère part du cœur, si le cœur est bon. Votre mère vous donne constamment l'exemple en vous mettant à chaque instant sous la main ce dont vous pouvez avoir besoin. En cela comme en toute chose, je ne puis vous donner d'autre conseil que d'imiter votre mère; qu'elle soit pour vous le meilleur et le plus parfait modèle.

Quant aux petits détails de cette amabilité que, dans le monde, on nomme politesse, et dans la famille affection, c'est l'instinct naturel aidé du cœur qui vous guidera.

Tenez, par exemple, vous verrez bien au jardin si le soleil gêne votre maman. Souvenez-vous alors que vous avez de bonnes jambes; courez au logis et rapportez-en pour elle son grand chapeau de paille. Vous remarquerez bien si elle semble un peu fatiguée. Sans rien dire, vous irez chercher la chaise rustique cachée dans le coin de quelque berceau, et vous glisserez doucement sous les pieds de votre mère le petit tabouret. Je suis sûr que, tout en y posant les pieds, elle vous ménagera une petite place où vous pourrez vous asseoir.

Vous lui donnerez gracieusement, si elle aime les fleurs, le petit bouquet frais qu'elle acceptera avec un double plaisir, parce que l'odeur lui en est agréable et surtout parce que son fils a eu la pensée de le lui offrir.

Si elle laisse tomber son aiguille, ramassez-la

Apportez à votre maman son grand chapeau de paille.

prestement, avant qu'elle ait le temps de songer
à se baisser pour la ramasser elle-même.

Rendez même à cette chère maman le petit service
de lui enfiler son aiguille.

Enfin, je vous le répète, c'est le cœur surtout,
mes chers petits, qui vous dictera toutes ces charmantes petites prévenances qui font le bonheur des
mères et en même temps celui des enfants.

Dans la maison si chère à tant de titres à tous vos
cœurs, si la mère est la fée bienfaisante du foyer, il
y a celui qui dirige tout, et sur lequel retombe toute
la responsabilité. C'est celui au-devant duquel vous
vous précipitez lorsque vous entendez son pas au
loin. C'est celui que vos cœurs nomment, avant que
vos lèvres lui sourient, votre père enfin. C'est le
chef de la maison. C'est lui qui doit punir les dés-
obéissants; peut-être oubliera-t-il son rôle, s'il voit
des pleurs dans les yeux de son fils, et si le fils, pé-
nétré du sentiment de sa faute, lui dit du fond du
cœur : « Je ne le ferai plus! » C'est l'homme grave
dont les yeux s'illuminent de clartés riantes et affectueuses, quand il fait sauter son joyeux bambin sur
ses genoux. C'est le protecteur de la famille, et ce
protecteur est si bon, qu'il se fait le compagnon de
jeux de son enfant; il l'emmène en croupe sur la
jument noire, il l'initie à tous les mystères du jardi-
nage; au retour de la foire, il tire de sa poche le joli
petit couteau blanc avec lequel on se coupera peut-

Qu'as-tu appris aujourd'hui?

être un peu les doigts, ou bien la balle élastique avec laquelle on cassera peut-être quelques carreaux. Mais ce ne sont pas là de bien grands malheurs, et dans ce bas monde on n'acquiert véritablement de l'expérience qu'à ses dépens.

Oh ! le bon geôlier que le papa, lorsqu'il tient son petit garçon prisonnier entre ses jambes, pour lui raconter des histoires, pour lui faire un bout de morale, pour lui demander compte de l'emploi de la journée, ou tout simplement pour se laisser tirer la barbe, aux dépens des lois du respect.

Le voilà qui vous dit d'une voix qui veut être sévère, mais qui est plus tendre que sévère : « Qu'as-tu appris aujourd'hui? Voyons ton livret. »

Quelquefois, chers paresseux, vous baissez la tête, et le papa, qui lit dans vos yeux, vous tire l'oreille. Si, triomphant, vous montrez de bonnes notes, il sort lentement de sa poche de belles pommes bien rouges et les glisse dans les mains de son fils pour le récompenser d'avoir été studieux.

Avez-vous obtenu une place de premier à l'école : il tire d'une mystérieuse cachette du fond de son gousset, ces petites pièces blanches qui rendent un son si gai en tombant dans la tirelire, et qui vous font faire de si beaux rêves

Chef du foyer, par son travail de tous les ins-tants comme par une baguette magique, il change les vieilles vestes en vestes neuves, il remet des gaulois frais aux casquettes fanées, il garnit la table de ces mets savoureux dont la vue vous fait sourire, petits gourmands!

C'est lui qui jette dans la cheminée les grandes bûches dont la flamme réchauffe si bien vos doigts rougis par le froid de la neige.

C'est encore lui, toujours lui, qui fait votre éducation en vous donnant l'exemple de la loyauté comme du travail; c'est lui qui fera de vous des hommes honnêtes, des citoyens dont la patrie sera peut-être fière.

Enfin, le père, c'est le bon génie qui veille sur vous partout, et dont vous êtes le plus cher trésor!

Ayez pour lui le même amour, le même respect que pour votre mère. Travaillez avec ardeur, ce sera le meilleur moyen de rendre ce bon père fier de ses fils, et de lui prouver que ses exemples ne sont pas perdus pour vous.

Ne ménagez pas, quand vous pourrez vous rendre utiles, ces petits bras que l'effort assidu rendra plus robustes. Vous ne pouvez encore vous livrer à des travaux bien pénibles, mais il vous est facile de cueillir ces bonnes poires d'automne qui seront le dessert de l'hiver. Prenez la petite gaule et tapez bien fort sur les belles noix et sur les châtaignes mûres.

Remplissez activement les corbeilles de ces pommes vermeilles dont le jus est si savoureux.

Quand vous vendangerez, détachez habilement, sans écraser les grains, ces grappes dorées par les rayons du soleil.

C'est alors que vous serez réellement de petits hommes; et dans la maison, le papa ne vous considérera plus comme des embarras, mais comme des aides. Et plus tard, lorsque dans votre verre vous admirerez la couleur vermeille du vin, vous pourrez dire avec fierté : Il y a là dedans le jus des grappes que j'ai cueillies.

Mais à travers ces pérégrinations, au milieu des dons de la nature, n'allez pas faire le gourmand. Sans doute, il vous est permis de vous rafraîchir, mais rappelez-vous, dans votre intérêt, que la meilleure chose, quand on en abuse, devient nuisible.

N'oubliez pas d'ailleurs que vous avez mieux à faire que de penser toujours à vous. A côté de vous, sous l'aile tutélaire du papa et de la maman, n'avez-vous pas le petit frère et la petite sœur, qui sont ce que vous avez été, le charme du logis?

Vous les aînés, vous êtes en sous-ordre les protecteurs naturels de ces pauvres petits qui vous tendent leurs bras, comme, il y a quelques années, vous tendiez les vôtres à votre mère.

Vous devez accourir à leur voix pour les aider, pour les défendre, et même pour calmer leurs colères enfantines. Vous devez prêter l'appui de votre bras plus fort à ces petits bras débiles, qui ne

Papa ne vous considérera plus comme un embarras.

savent encore que s'enlacer gentiment autour de votre cou. Vous devez aider petit frère et petite sœur à descendre lentement les échelons de leur grande chaise. Apprenez-leur comment on triomphe des difficultés de la marche, guidez leurs pieds

Ce polichinelle, faites-le sautiller.

incertains vers le but, que vous éloignerez insensiblement pour prolonger l'essai.

Faites bondir et rebondir la balle élastique devant eux. Ce polichinelle que vous avez délaissé dans un coin depuis que vous êtes grands, faites-le sautiller pour attirer leur attention, et leur inspirer le désir de venir le prendre. Émerveillez-les du ronflement de votre toupie. Faites entrechoquer vos billes sur leur petite table, à portée de leur main. Et vos ballons, qu'ils roulent, roulent toujours, et alors quels cris de joie! Prêtez-leur tous vos jouets, enfin, et amusez vos frères comme on vous a amusés quand vous étiez petits.

Lorsque leur jeune intelligence s'ouvrira, ne laissez pas à d'autres le soin d'être leurs premiers maîtres. Initiez-les aux mystères de l'A B C. Faites-leur lire, en grosses lettres, les hauts faits du petit Poucet. Apprenez-leur à tracer ces premiers bâtons dont l'enfant est si fier.

Montrez-leur à compter sur leurs doigts et avec les noisettes que vous aurez rapportées de votre promenade. Ne vous mêlez pas de les régenter, que l'indulgence préside à toutes vos actions vis-à-vis de vos frères. Reprenez-les avec douceur, blâmez gentiment leurs malices, et surtout ne vous rendez jamais complices de leurs petites fautes; vous seriez plus coupables qu'eux.

Si Jules ou Antoinette souffrent de ces maladies, misères inévitables de l'enfance, amusez-les avec plus de tendresse que d'habitude. Délaissez le cerceau, la balle ou les quilles pour passer quelques instants près de leur berceau.

Ce jour-là interrogez votre mémoire et vous y trouverez encore quelque histoire oubliée qui fera les délices de l'enfant. Cherchez dans vos vieux tiroirs et vous y trouverez encore dans un petit coin quelque débris de jouet, qui sera un jouet nouveau pour votre frère.

Ah! ces récréations-là! On s'en souvient long-temps et ce souvenir est empreint d'une douceur que le temps lui-même ne peut pas affaiblir.

Pourquoi? C'est qu'il vous rappelle une bonne action, un sacrifice, et que, si le bien est la grande loi de la vie, il en est aussi le plus grand charme.

A ce propos, je vais vous raconter une anecdote de mon enfance. Ah! il y a longtemps de cela! Je suis si vieux, moi, que j'ai besoin de voir vos joues fraîches et vos cheveux blonds pour me rappeler que j'ai été enfant aussi!

Dans ce temps-là, j'allais en classe à l'école du village. Nous passions une grande partie de nos ré-créations à jouer aux barres, et chacun mettait son intelligence à la torture pour trouver d'adroites combinaisons afin de sauver les prisonniers de son parti.

Les barres, c'est un jeu bien ancien, mais qui amuse toujours les enfants; la preuve, c'est que vous y jouez avec plaisir. J'étais très fort, et ceux de mon camp se félicitaient de m'avoir de leur côté. Peut-être mes succès passés leur faisaient-ils trop pré-sumer de mes forces; un jour, en effet, comme j'avais fait, le matin même, un vrai coup de maître, ceux de ma division provoquèrent les grands, en les invitant à partager les chances de notre jeu.

La cloche de la rentrée vint les avertir de remettre à plus tard leurs projets belliqueux. Rendez-vous

fut pris pour quatre heures, et chacun me donna des
instructions plus ou moins compréhensibles, desti-
nées à faire de moi le héros des petits.

Comme je me rendais au champ de bataille, j'a-

Nous passions une grande partie de nos récréations à jouer
aux barres.

perçus au bord d'un fossé un petit garçon en
haillons qui versait de grosses larmes en cherchant
à ramasser des fraises répandues dans la poussière
de la route.

Mais la couleur rouge du fruit disparaissait sous
une épaisse couche grise; voyant cela, le pauvre
petit pleurait à chaudes larmes.

Cette douleur vraie et simple détourna mon
esprit de la lutte qui allait s'engager et de la vic-

toire espérée dont la fumée déjà me montait au cerveau. Je m'approchai de l'enfant et je lui demandai doucement pourquoi il pleurait. « Ah! me dit-il en sanglotant plus fort, j'ai renversé les fraises que la mère Toine m'avait chargé de vendre; comment rentrer maintenant? Elle me donnera du pain sec pour souper et j'aurai peut-être le fouet par-dessus le marché. »

Le fouet! pensai-je en moi-même. Comment tirer de peine le pauvre petit garçon? J'étais bien embarrassé de répondre à ma propre question, lorsque tout à coup, lui prenant la main, je lui dis: « Je connais un coin du bois où il y a beaucoup de fraises; ramasse ton panier, courons, et à nous deux, nous l'aurons bien vite rempli. »

Nous voilà cueillant les fraises avec ardeur, et nous les entassons dans le panier. Plus tard, Michel me raconta qu'il avait rapporté un si bon prix de ses fraises, que la mère Toine lui avait remis un sou qu'il voulait absolument me donner. Je refusai, mais nous fûmes toujours amis.

Mes camarades m'ayant attendu vainement avaient essuyé une défaite des plus honteuses; ils m'accablèrent d'invectives à mon arrivée. Pourtant, quand ils surent ce qui m'avait empêché de prendre part à la lutte, ils me dirent : « Tu as bien fait, mais prends ta revanche ce soir. »

Je la pris en effet, et même elle fut brillante; mais

toutes les félicitations de mes amis, les poignées de
main des grands me firent moins de plaisir que la
récréation passée au bois. Et aujourd'hui encore,
le souvenir de cette chasse aux fraises me fait battre
le cœur d'une émotion douce, que vous ressentirez
aussi quand vous vous rappellerez une bonne action.
Ce vœu que je forme sera la seule morale de mon
histoire.

Et dans la famille, le vieux grand-père, allez-vous
l'oublier, mes chers petits? Oh non! Il vous aime
tant, lui!

Mais vos yeux brillent doucement et vous souriez
en lui disant : « Grand-père! » Comme ce mot si
simple se revêt de grâces affectueuses en passant
par vos bouches enfantines! Appelez-le souvent ainsi
et fatiguez-le de vos caresses; mais vous n'y arri-
verez pas!

Vos baisers, petits enfants, sont toute votre
éloquence, tout ce que vous pouvez donner; aussi
soyez-en prodigues.

Regardez-le, ce pauvre vieux tout courbé, avec sa
tête blanche qui tremble comme les feuilles au
souffle du vent d'automne; pour marcher, il faut
qu'il s'appuie d'une main sur une lourde canne et
de l'autre sur votre épaule.

Pour lui le terme du grand voyage est bien proche,
son hiver va finir et le nouvel été ne pourra plus
réchauffer ses membres glacés pour toujours.

Alors il ne vous restera plus du vieux grand-père qu'un souvenir, qu'une tombe, que l'herbe recouvrira bien vite.

Viendrez-vous vous asseoir sur ces herbes, comme vous veniez autrefois vous asseoir sur les genoux de grand-père? Penserez-vous à lui? Oui, n'est-ce pas? Cette idée me rendra la séparation moins pénible, car il me semblera que le tombeau où je dormirai, ne mettra pas entre nous cette limite infranchissable entre la vie d'un côté et la mort de l'autre! Non, la rupture ne sera pas complète, puisque je sais que vous penserez encore à moi et que vous m'aimerez toujours.

Mes chers petits, c'est que vous êtes tout pour le grand-père. Vous le faites revivre une seconde fois en lui rappelant par votre enfance son passé enfantin, et vous êtes encore pour lui l'avenir plein de promesses sacrées.

C'est pour cela qu'avant de vous quitter, je voudrais un peu façonner votre âme, animer votre cœur, développer votre intelligence, enrichir votre esprit.

Alors, dans toutes les circonstances de la vie, vous reconnaîtrez le passage du grand-père, vous suivrez le sillon tracé par lui, son souvenir vous guidera et vous protégera.

C'est mon dernier rêve. C'est bon pour vous, les rêves, mes enfants, ils sont si jolis à votre âge!

Le grand-père.

Mais je ressens au fond du cœur comme une douce espérance qui me soutient et m'engage à dérouler mes songes devant vous.

Je veux vous apprendre un peu de ce que l'expérience m'a appris, persuadé que ces leçons de l'affection sont les meilleures et celles dont le souvenir est le plus durable.

Et la bonne grand'mère, qui demande toujours

La grand'mère.

la grâce du petit coupable, ne l'aimerez-vous pas autant que le grand-père? Elle a disputé à votre mère le droit de vous bercer. Elle a passé aussi, dans l'inquiétude et l'angoisse, des nuits entières auprès de votre berceau, quand vous étiez malades. Elle a tricoté vos premiers bas; et si vous saviez à quel point elle était fière de vous voir si bien chaussés!

Elle vous enlevait des bras de votre maman pour vous caresser plus à son aise. Elle vous a appris à dire : « grand-père », ce mot si doux à mes oreilles, que vous écorchiez d'une façon qui n'était que charmante et que nous trouvions admirable.

Elle a partagé avec votre mère le soin de vous élever et vous lui devez une reconnaissance que vous comprendrez plus tard, quand vous serez vieux et que vous aurez des petits-enfants.

Vous avez des devoirs envers nous, ne les oubliez pas, mais ce sont des devoirs dont il vous est facile de vous acquitter, puisqu'ils reposent tous sur la tendresse et l'affection. Voilà donc tous les membres de la famille, ceux qui vous aiment par-dessus tout au monde et dont l'appui ne vous manquera pas.

Voulez-vous que nous fassions un petit voyage à la grande cuisine, sans bouger d'ici, où nous sommes si bien tous ensemble sous ce vieux chêne? Énumérons les autres êtres qui font aussi partie de la maison.

D'abord, sur la chaise basse, les pieds dans les cendres, les mains occupées à éplucher des légumes, son tricot sur les genoux, voilà la vieille Catherine, avec ses grosses lunettes, qui prépare la soupe.

Ah! c'est bien elle avec sa coiffe aux grandes ailes blanches. Ce sont bien ses yeux inquisiteurs qui, de temps en temps, parcourent la cuisine et plongent dans la cour. C'est bien sa bonne voix grondeuse

disant à Marguerite : « Que fais-tu donc là ? Hâte-
toi de mettre le couvert, va traire la vache ; » et à
Joseph : « Allons, lie la luzerne et rentre-la ; n'ou-
blie pas surtout de donner à manger aux derniers
petits lapins. »

Dans vos plus lointains souvenirs d'enfance, vous
vous rappelez toujours, n'est-ce pas, avoir vu la
vieille Catherine, avec son pas alourdi et un peu
traînant, vaguer dans toute la maison ; elle grogne
un peu après vous, ce qui ne l'empêche pas de vous
embrasser ; puis elle revient trôner dans la cuisine
sur la petite chaise basse dont personne n'oserait
lui disputer la possession. Il y a bien longtemps
qu'elle fait partie de la famille, par adoption, à
cause de son dévouement qui ne s'est jamais dé-
menti. Elle a élevé votre mère, elle vous a bercés
ensuite, elle se jetterait au feu pour vous, sans se
croire une héroïne pour cela.

Aussi, Jacques, as-tu remarqué hier combien
elle avait l'air triste, lorsque tu as répondu trop
vivement à une de ses observations, lorsque tu lui
as dit : « Laisse-moi tranquille, Catherine, ça ne te
regarde pas ; tu es la bonne, tu n'es pas maman ? »
La pauvre vieille a dit, tu t'en souviens : « Ça ne me
regarde pas ? sainte Catherine ! Peut-on s'entendre
dire des choses aussi dures par un enfant qu'on a
élevé ! Et je serai bien encore assez sotte pour le câ-
liner quand il viendra à moi. »

Ce soir, lorsque Catherine ira border ton lit....

Mon ami, ce que tu as fait là est mal, ta conscience a dû te le reprocher, et ton cœur aussi. Ce soir, lorsque Catherine ira border ton lit, jette-toi à son cou, embrasse-la en lui disant : « Je regrette ce que je t'ai dit l'autre jour dans un moment d'humeur ; oublie-le, car je t'assure que je t'aime bien. »

Quoiqu'elle ne soit que la bonne, vous avez des devoirs à remplir envers elle, mes enfants. D'abord elle est de la maison, ensuite sa condition est plus pénible ; à cause de cela vous lui devez plus de témoignages de bonté ; et puis, vous savez, elle est vieille, et l'enfance doit toujours montrer des égards et du respect à la vieillesse.

Votre cœur vous dira encore de l'aimer, car, je vous le répète, Catherine n'est pas une domestique ordinaire. Depuis trente ans elle fait partie de la famille, et dans toutes les circonstances pénibles ou heureuses elle a pris sa part de notre bonheur et de nos afflictions, tout en restant à sa place.

Avec elle, tant que vous êtes petits surtout, vous pouvez vous permettre certaines familiarités qui seraient déplacées avec Marguerite, par exemple. Vous pouvez grimper sur ses genoux, l'embrasser, lui offrir des fruits, des friandises, et accepter simplement ce qu'elle vous offre dans la simplicité de son cœur.

Avec tout le monde, avec ceux qui sont au-dessous de vous surtout, souvenez-vous, mes chers petits, que la bonté sied à l'enfance, comme l'indulgence à la vieillesse.

Usez donc largement de votre droit d'être bons, et c'est encore vous qui en serez les plus heureux.

Vous pouvez accepter ce qu'elle vous donnera.

N'est-ce pas en effet un véritable bonheur que de contribuer à rendre les autres heureux?

Élever l'âme par le développement de ses meilleures dispositions, tel est notre but constant. Cette pensée doit être notre guide, et cet effort nous sera compté dans ce monde inconnu où nous irons tous. Ces réflexions-là sont bien sérieuses pour vous, n'est-ce pas? mais elles sont nécessaires, et si vous ne me comprenez pas parfaitement aujourd'hui mes paroles, du moins vous devinez le sentiment profond qu'elles expriment. Plus tard, lorsque vous aurez l'intelligence plus développée, et que grâce à elle vous verrez clair dans votre esprit et dans votre cœur, vous comprendrez la vérité de mes paroles et vous vous féliciterez d'avoir consacré quelques récréations à une étude plus importante que celle des quilles ou des barres.

Il y a encore des êtres qui prennent place auprès de vous sous le manteau de la grande cheminée. Ils sont presque de la famille; en tout cas,

Le chien.

ils sont du foyer. Ainsi le chien avec ses yeux vifs fixés sur vous au moindre appel, sa queue qui s'agite joyeusement à votre approche, ses pattes agiles qui se posent sans façon sur vos genoux pour réclamer une caresse, et ses grandes oreilles qui se dressent subitement en signe d'alarme au moindre bruit étranger, aime la maison et la protège. Vient ensuite le chat, dont la fourrure est si soyeuse et si douce à caresser. C'est un chasseur infatigable, et sans lui les souris rongeraient tout dans la maison.

De temps en temps il vient se reposer de ses fatigues guerrières, rêvant à d'autres exploits et se couchant sur les cendres en murmurant un ron-ron familier. Minet fait les délices de Catherine, qui a toujours aimé les chats, parce que ce sont des animaux véritablement utiles.

Minet fait les délices de Catherine.

Dans le cercle de la famille, avec un peu de complaisance, on peut faire entrer les oiseaux qui chantent joyeusement, alors même qu'ils sont en cage, et la cage pourtant, si grande qu'elle soit, ne peut être pour eux qu'une prison, comparée à l'espace libre et à l'immensité du ciel bleu.

Malgré le plaisir que j'ai à voir la maison ainsi peuplée de la fenêtre à la cheminée, au milieu des chants mêmes des oiseaux, j'éprouve une certaine tristesse en songeant que, pour notre bonheur personnel, nous ravissons la liberté à ces pauvres petits êtres ; la liberté, si chère à l'homme, qu'il la défend jusqu'à verser son sang pour la conserver.

Avons-nous le droit d'ôter la liberté à des créatures pour qui elle est la vie, parce qu'elles sont plus faibles que nous, et cela pour notre plaisir?

Nous sommes bien un peu coupables quand nous agissons ainsi. J'applaudirais donc au mouvement spontané de votre cœur qui vous porterait à ouvrir toute grande la porte de la cage à ces pauvres prisonniers. Quand ils seront libres, leurs chants seront plus doux et leurs battements d'ailes plus joyeux. Vous leur aurez rendu le bonheur, ce sera-là votre satisfaction.

Il faut aimer tous les animaux du foyer, ils charment votre vie.

Le chien vous protège, le chat détruit les souris et les rats, qui finiraient par vous voler votre part de beurre et de galette. Les oiseaux vous égayent. Je ne pense pas que vous vous soyez jamais fait un jeu de torturer les uns ou les autres en leur jouant quelques-uns de ces tours qui amusent les enfants parce qu'ils sont légers et irréfléchis, et attristent les parents parce qu'ils croient y voir l'indice d'un cœur cruel. Non seulement vous devez vous abstenir de ces jeux barbares, mais encore vous devez empêcher vos camarades de s'y livrer. Dites-leur: « Pourquoi faire du mal à cette bête, puisqu'elle ne vous en a point fait. Est-ce pour vous amuser? Mais vous vous arrogez un droit cruel qui ne vous appar-

Le cheval à l'allure fière, courant sur la route.

tient pas. Jouons plutôt au cerceau ou à la cachette, nous aurons du plaisir sans remords.

En principe, ne prenez jamais le parti du plus fort : la faiblesse a des droits à notre sympathie et à notre protection.

Outre ces animaux qui vous sont plus familiers, il y a encore les animaux domestiques qui peuplent l'étable, l'écurie ou remplissent la basse-cour.

Ils sont vos amis et vos serviteurs, soyez bons pour eux.

Le cheval à l'allure fière ou paisible, traînant la charrue ou courant sur la route, attelé à votre voiture, ne vous rend-il pas les services les plus appréciables ?

La vache vous régale de son lait.

La vache vous régale de son lait frais et mousseux, elle fournit votre table de beurre, de crème et de cet excellent fromage si rafraîchissant l'été!

Les moutons, les brebis vous offrent leurs toisons chaudes et soyeuses, grâce auxquelles on peut braver impunément le froid et la neige.

Le porc même, malgré son air grognon et ses instincts grossiers, ne nous donne-t-il pas un excellent manger?

Les poules pondent pour vous ces jolis œufs dont on fait de bonnes omelettes, des crêpes ou des beignets.

Les canards ne font-ils pas d'excellent rôti?

Tous ces animaux, parce qu'ils sont sous votre dépendance, sont sous votre protection, et il est assez pénible pour l'homme de leur ôter la vie pour vivre, sans faire par surcroît endurer à ces pauvres bêtes des mauvais traitements inutiles.

N'est-ce pas là aussi votre sentiment, mes chers petits? Oui, me répondez-vous. Eh bien! que vos actions s'accordent avec vos sentiments, et vous serez non pas généreux, mais tout simplement justes et équitables.

Voilà bien des êtres qui, de près ou de loin, touchent à la famille et la constituent tout entière. Les voilà bien tous venant peu à peu s'ajouter au tableau domestique ou champêtre que vous vous retracez parfois quand vous dites : « Ma famille. »

Évoquez-le souvent, ce tableau, dans vos plaisirs, comme dans vos peines. Il ne fera naître en vous que de douces émotions et des sentiments d'honneur.

Il se fait tard, le soleil va bientôt disparaître, la nature songe au repos, le silence du crépuscule va nous envelopper, rentrons tous ensemble.

Donnez-vous la main, je marcherai au milieu de vous, et demain, sous le même chêne, nous reparlerons de cette autre famille, la Patrie, de cet autre foyer, la France, de ces autres frères, nos compatriotes !

DEUXIÈME PARTIE

LA PATRIE

M. Jarvis et ses petits-enfants s'éveillèrent au bruit de la pluie qui battait les vitres avec force. Le soleil, ce gai compagnon, qui, dans les beaux jours, inondait la chambre de sa joyeuse lumière, était caché derrière de gros nuages.

A travers les hachures de la pluie, la campagne avait un aspect sombre ; des ruisseaux jaunâtres coupaient les allées du jardin, emportant du sable avec eux et formant çà et là des plaques boueuses ; les herbes mouillées se penchaient tristement par grosses touffes et les petites fleurs baissaient la tête d'un air désolé.

« Oh ! le méchant soleil qui ne se montre pas, disait Jacques : il ne se rappelle donc pas que c'est aujourd'hui jeudi, que ce soir nous allons promener les chèvres, et que grand-père nous a donné rendez-vous sur la pelouse sous le grand chêne. »

« Que faire? mon Dieu! que faire? s'écria Jules. A quel jeu peut-on bien jouer par un temps pareil? »

C'était un chœur de lamentations, et, de la cave au grenier, la grande maison retentissait d'exclamations de désespoir. Les plus raisonnables s'accoudaient sur des livres, mais, au lieu de lire, ils pous-

Ils s'accoudaient tristement sur des livres.

saient de gros soupirs. Sur ces entrefaites, M. Jarvis entra en disant :

« Eh bien! mes chers petits enfants, qu'est-ce que j'entends donc? Catherine me dit que vous êtes comme des âmes en peine; que vous êtes insupportables; qu'on ne rencontre que vous dans tous les coins; qu'au lieu de prendre votre parti d'une chose que vous ne pouvez pas empêcher, vous importunez tout le monde de vos gémissements. On ne peut pas courir les champs, soit, mais il y a d'autres distractions que de courir. On peut lire, on peut causer, on peut écouter le grand-père qui n'est

La pelouse est toute trempée.

jamais à bout d'histoires... Nous étions convenus hier, ce me semble, que nous causerions aujourd'hui de la patrie. Ce n'est pas la pluie qui peut nous en empêcher. Qu'en pensez-vous?

— Mais, grand-père, la pelouse est toute trempée et le chêne tout mouillé.

— Eh bien, savez-vous ce qu'il faut faire? Courez par le petit chemin jusqu'à l'ancienne ferme et allez m'y attendre. »

Quelques instants après, dans une grande cuisine, un feu brillant jetait sa clarté sur toute la pièce. Des bancs étaient placés autour de la cheminée, et des pommes de terre étaient amoncelées sous les chenets; les enfants les regardaient en souriant, parce qu'ils savaient qu'on allait les enfouir dans la cendre bien chaude et qu'ils aimaient beaucoup les pommes de terre cuites sous la cendre.

Le grand-père, assis dans un vieux fauteuil, avait toute la dignité d'un président d'assemblée.

« Tout est bien fermé? demanda-t-il gravement.

— Oui, grand-père, répondit l'assistance.

— Eh bien! mes chers petits, causons à notre aise. Et d'abord, savez-vous ce que c'est que la Patrie? Vous êtes-vous quelquefois demandé la signification de ce mot si cher et si doux? savez-vous qu'il retentit dans tous les cœurs bien nés comme un mot magique? Savez-vous qu'il suffit à lui tout seul pour créer des héros? pour transformer en lions, sur les champs de bataille, les pauvres conscrits qui pleuraient en quittant la maison paternelle?

Les orphelins ont encore une famille, puisqu'ils ont une patrie; les exilés supportent l'amertume et les angoisses de l'exil, parce qu'ils ont dans le cœur l'espoir de revoir la patrie.

Le grand-père avait toute la dignité d'un président d'assemblée.

Au fond, qu'est-ce donc que la patrie? C'est la France; et, à ce titre-là, tous les Français sont nos parents, nos frères, comme nous sommes les leurs.

Pénétrez-vous bien de cette idée, mes chers enfants, et alors, en prononçant et en entendant prononcer le mot de patrie, vous éprouverez la même émotion, douce et puissante, que vous ressentez en pensant à la maison, à la chère maison.

Quand j'avais votre âge, mon maître d'école, un brave homme, a dit devant moi quelque chose que j'ai retenu et que vous retiendrez aussi.

Plus vous grandirez, plus vous deviendrez instruits et éclairés, plus vous acquerrez d'expérience, et plus aussi vous trouverez que cette parole est juste et frappante.

Voici donc ce que nous disait ce digne homme : « La famille, c'est la patrie en petit; la patrie, c'est la famille en grand. En travaillant pour faire honneur à sa famille, on travaille pour faire honneur à sa patrie; en mourant pour défendre sa patrie, c'est comme si on mourait pour défendre sa mère. »

Notre patrie à nous, c'est la France, et le mot « Français » est notre vrai nom de famille. La France, le maître nous la montrait sur la carte et il nous disait : « Ceci, vu avec les yeux du corps, n'est qu'une image géographique et ne réveille dans l'esprit que l'idée d'une certaine étendue avec une configuration particulière; mais pour vous faire une idée juste de la France où vous êtes nés, où vous habitez, que vous aimez, fermez les yeux et regardez en vous-mêmes! »

Alors, je fermais les yeux, et je voyais en moi-même la grande ferme où je suis né, la chambre où j'avais éprouvé mes premières joies et mes pre-

Ma patrie.

mières douleurs, le coin du ciel que j'apercevais de
ma fenêtre, le pré où je cueillais des fleurs et où je
me roulais sur l'herbe, le petit bois où je me prome-
nais, le fossé dans lequel je me cachais, le grand

L. Thuillier, Del.

La France.

jardin avec ses arbres couverts de fruits, après lesquels je grimpais, la grange où je me réfugiais par
les temps de pluie, le cimetière où reposent ceux
que j'aime. Je me rappelais jusqu'aux nids où les

poules couvaient, tout en boule, avec un air si grave
et si sérieux. C'était là ma France à moi, c'est ainsi
que je me figurais la Patrie, et alors je regardais avec
d'autres yeux la grande carte murale. Ce n'était plus
seulement une image géographique, c'était le portrait de quelque chose que l'on pouvait aimer. Et à
mesure que mes idées, l'âge aidant, se débrouillaient
dans ma cervelle, je comprenais que ce que l'on
aime dans sa patrie, c'est tout à la fois les plus
grandes gloires du pays, les monuments splendides
de sa capitale et aussi le petit coin de terre où
l'obscur fermier naît, vit et meurt sous le même
ciel!

Alors j'ai conçu pour mon pays l'affection qu'il
m'inspire encore. Enfant, je ne savais pas bien tout
ce qu'il est; plus tard, je l'étudiai; à mon affection
un peu irréfléchie se joignit un sentiment de fierté
bien légtime. Ainsi donc tous ces grands hommes
qui ont illustré la France, ils sont mes frères, étant
nés de la même mère que moi : la patrie. Comme
tous les membres de la famille doivent aimer et ho-
norer ceux qui la représentent si glorieusement
aux yeux du monde entier !

Alors je me disais : « Il faut que je m'applique
à bien faire : noblesse oblige. » Et je me disais aussi
en regardant mes camarades : « Quelques-uns peut-
être seront la gloire du pays; j'espère du moins
que nous le servirons tous dans la mesure de nos

forces. Après tout, les grands hommes ont été des petits garçons comme nous et ils ont commencé par apprendre l'ABC. » Cette idée relevait l'ABC à mes yeux.

Je compris alors les sentiments de l'exilé qui veut au moins mourir sur les frontières de France, parce qu'il lui est interdit de rendre le dernier soupir dans l'enceinte sacrée de la patrie.

Écoutez, à ce sujet, un récit authentique.

C'était à la suite d'une guerre bien douloureuse pour la France, puisque ses armées avaient été vaincues. Par surcroît d'infortune, à la guerre étrangère succéda la guerre civile.

Je ne vous retracerai point ces scènes de sang; assez tôt votre âme en sera attristée en les lisant dans l'histoire. Je vous dirai simplement que lorsqu'un peu de calme succéda au désordre de la lutte, on rechercha les coupables.

Comme cela arrive quelquefois, des innocents furent compromis sans avoir pris d'autre part au soulèvement que d'avoir participé au danger.

Il était juste que la punition égalât la faute, et ceux qui avaient porté une main sacrilège sur la patrie furent exilés à N***.

Un des condamnés dont la santé avait été cruellement atteinte par cet exil, faillit perdre la vie en chemin; mais je ne sais quel espoir de pardon et de réhabilitation le soutint et il put arriver à N***.

L'exilé.

Quelque temps s'était passé déjà depuis que les exilés subissaient leur peine, loin de la mère patrie.

Sentant sa fin prochaine, celui dont nous redisons l'histoire, recueillit ce qui lui restait encore de forces et se fit transporter le plus près possible de la frontière française, qu'il lui était interdit de franchir.

« O ma patrie, dit-il, je t'aime quoique tu aies, par erreur, méconnu l'amour du plus fidèle de tes enfants. Je te regrette et je veux t'appartenir encore, quoique tu aies rayé mon nom de la liste des Français. Je ne dirai pas comme cet ancien : « Ingrate » patrie, tu n'auras pas mes os. » Loin de te maudire, je souhaite que tu sortes, plus brillante, de la terrible épreuve que tu as subie. Je te respecte, je t'aime encore et je viens mourir sur la frontière qui nous sépare, sous ce ciel qui est ton ciel. Mon dernier vœu, c'est de reposer en terre française. Les désirs d'un mourant sont sacrés. La mort met un terme à toutes les haines, accueille au moins ma cendre ! »

Et l'exilé, après avoir salué la France une dernière fois, mourut en prononçant encore le mot de Patrie.

N'est-ce pas, mes chers petits, que c'est une grande consolation de savoir que la mort, qui brise tous les liens de la vie, ne nous séparera pas de notre pays, puisque nos cendres y reposeront ?

Ce sentiment qui nous fait désirer de mourir aux lieux où nous sommes nés, l'animal lui-même l'éprouve instinctivement.

Laissez-moi vous raconter un fait dont j'ai été témoin.

Là où s'élève aujourd'hui la métairie aux tuiles rouges, au murs tapissés de jasmins, il y avait autrefois une vieille ferme dont les murs lézardés menaçaient ruine.

Les fenêtres n'avaient plus de vitres; le pignon

Une chienne avait élevé ses petits.

tremblait en temps d'orage, les tuiles des cheminées tombaient comme une grêle par les grands vents; il y avait aux murs des étables des trous que l'on bouchait avec du foin; une vraie ruine enfin! Dans une grande niche, toute déjetée, une chienne avait élevé ses petits. Lorsqu'ils avaient pu se passer de leur mère, on les avait détruits ou donnés; un

seul excepté, dont la force promettait d'égaler la
beauté. La mère morte, César régna en maître sur
la basse-cour et sur l'étable; mais c'était un bon
maître et non pas un tyran : il protégeait les faibles
et faisait bonne garde autour de la propriété du
fermier.

Quand il fut bien prouvé que la ferme tomberait
d'elle-même si on ne prenait pas les devants, le fermier résolut de l'abattre pour la reconstruire.

Hélas! il faut moins de temps pour détruire que
pour édifier, et au bout d'une semaine les monceaux de chaume, de terre, de plâtre restèrent
comme seuls souvenirs de la ferme, qui avait eu son
beau temps aussi. César suivit au château le pro-
priétaire, et là, bien nourri, bien soigné, il aurait
passé son temps d'une façon très agréable, si le souvenir de ses anciennes prouesses n'était venu de
temps en temps lui reprocher son inaction pré-
sente.

Mais on l'avait remplacé dans ses fonctions, parce
qu'il était d'âge à prendre sa retraite. Aussi il prit
peu à peu son parti de ne plus rien faire; il allon-
geait paresseusement ses pattes au soleil, s'endor-
mait sans s'en apercevoir, et rêvait probablement
aux exploits de ses descendants.

Un jour, César sentit un frisson qui, commençant à la pointe de ses longues oreilles, parcourut
tout son corps et se fit sentir jusqu'à l'extrémité de

ses griffes. La bonne chaleur du mois de juillet ne lui apporta pas ce bien-être auquel le soleil vivifiant l'avait habitué. Sa pâtée si grasse lui sembla fade, et il se détourna de l'écuelle avec un geste de dégoût. Sa niche même, si confortable et si bien garnie de paille, lui fit l'effet d'un froid et misérable réduit.

Plein d'inquiétude et d'appréhension, il réfléchit sur son état et chercha, dans les souvenirs du passé, quelque chose à quoi il pût le comparer. Alors il se rappela que sa mère, la vieille Myrrha, avait été trouvée un beau matin étendue sans vie près de sa niche, le lendemain du jour où elle avait ressenti les mêmes défaillances que lui. « Je vais sans doute mourir comme elle, se dit-il. Eh bien! quittons la vie sans faiblesse; un dernier adieu à tous les chiens grands et petits qui composent ma famille, et puis, partons.

» La mort ne me fait pas peur, parce que ma vie a été honorable et active; mais elle me paraîtra plus douce si elle vient me prendre à l'endroit où elle a pris Myrrha ma mère, au lieu même où elle m'a nourri, où elle m'a donné ses exemples et ses conseils, où j'ai passé mon enfance et ma jeunesse, où j'ai accompli mes premiers exploits. Tous ces témoins de mes vieux souvenirs, c'est ma patrie à moi.

» C'est là que j'ai protégé la ferme, défendu les

étables; c'est là que j'ai reçu la vie et que j'ai appris à en connaître tout le prix et tous les devoirs. »

Vous pensez bien que ces choses-là, César ne les a pas dites, mais il les a senties dans son vieux cœur de chien fidèle.

La preuve, c'est que, le lendemain matin, nous trouvâmes le vieux César, le corps déjà raide, à l'ancienne place où sa niche s'élevait autrefois; nous comprîmes le sentiment qui l'avait amené là pour y mourir et c'est là que nous creusâmes la fosse où il repose encore.

Vous voyez, mes chers petits, que le chien aussi a une patrie, puisqu'il y a un coin de terre qu'il aime par-dessus tous les autres, qu'il défend, auquel il prouve son attachement à sa manière. Sa patrie, c'est la ferme où il a été élevé : son foyer, c'est la niche où il est né et autour de laquelle se groupent tous ses souvenirs.

A un degré supérieur, vous ressentez les mêmes émotions que notre pauvre vieux César. Si votre grande patrie est la France, votre foyer en est l'image en petit, votre foyer et tous les souvenirs, gais ou tristes, mais toujours si doux, qui se groupent autour du foyer.

C'est la coquette métairie dans laquelle vous êtes nés; c'est la rivière où vous avez pris vos premiers bains, la prairie où vous avez poursuivi vos premiers papillons, les charmilles où vous avez

Dans les régions montagneuses de l'Est.

joué cent fois à cache-cache, l'étable où vous avez caressé les agneaux et le petit bois où vous avez guetté les oiseaux en train de faire leurs nids. Si vous voyagez jamais (et qui ne voyage pas de nos jours?), quand vous serez bien loin, fermez les yeux, et vous reverrez nettement dans votre mémoire et dans votre cœur tous les objets qui ont frappé vos premiers regards.

Vous reverrez aussi la maison d'école où l'on vous parle si souvent de la France pour vous la faire mieux connaître et l'aimer davantage ; vous reverrez l'humble mairie avec son drapeau tricolore, symbole visible de la grande patrie ; tout cela, c'est encore le pays. Pour vos cousins qui habitent les régions montagneuses de l'Est, la patrie c'est la montagne. A quoi songent-ils, en lointain pays, quand ils ferment les yeux? Ils songent aux gémissements du vent, aux vastes souffles des grandes tempêtes, au murmure des pins, aux bonds des chèvres quand elles s'échappent follement pour courir brouter l'herbe tendre au bord du précipice. Tout leur revient à la mémoire avec une netteté surprenante : par exemple, les rudes montagnards qui sautent de rocher en rocher, ou bien sifflent gaiement le refrain qui ramène les chèvres au logis. N'ayez pas peur de leur voir oublier les traîneaux qui glissent joyeusement sur la neige, les laiteries, les jattes pleines d'un lait jaune, recouvert d'une crème épaisse et les rayons où s'empilent les fromages.

Et vous rappelez-vous ces petits amis qui sont venus aux vacances dernières ajouter encore à l'ani-

La mer.

mation de la maison? Leur patrie à eux, ils vous en ont parlé bien souvent, c'est le bord de la mer !

Ils étaient pourtant bien loin de la mer; eh bien, soyez sûrs qu'ils la voyaient d'ici, tantôt bleue comme le saphir, tantôt verte comme l'émeraude, tantôt calme, tantôt courroucée, blanche d'écume, effrayante à regarder. Mais le souvenir transforme tout, donne à tout un charme pénétrant. De près, la tempête leur faisait peur; de loin, c'est une image pleine de charme, parce qu'elle se mêle à toutes les autres images dont l'ensemble forme le portrait vivant de leur patrie.

Soyez sûrs que plus d'une fois, le soir, après une

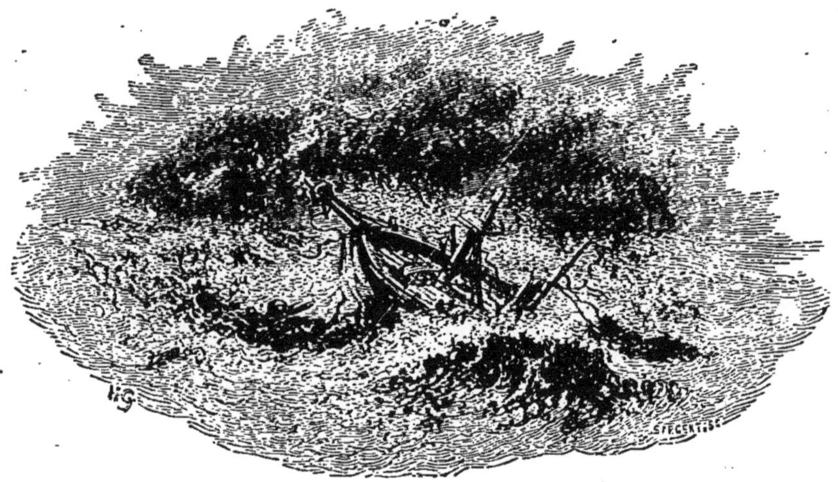

La tempête.

journée remplie de jeux et d'amusements qui semblaient leur fairé oublier tout ce qu'ils avaient laissé derrière eux, ils regrettaient la mer, avec ses algues brunes, ses fleurs à elle, son varech vert qui en est comme le gazon, son sable fin où l'on fait de si bonnes parties, ses galets luisants et polis par les rudes caresses des vagues; la mer avec ses barques peintes qui glissent coquettement sur les flots, comme vos châlets de couleur vous reviennent en mémoire, étroitement liés au souvenir de la colline; la mer avec ses vaisseaux gigantesques, qui s'en vont dans tous les pays du monde, où la pensée les suit comme malgré elle.

Ce ne sont pas seulement les grands aspects de notre pays natal qui nous frappent : les détails les plus humbles s'emparent de notre esprit et l'enlacent de mille fils imperceptibles que rien ne peut rompre. L'habitant de la côte aime la mer, et tout ce qui rappelle la mer, jusqu'aux humbles coquillages à moitié brisés dont la plage est jonchée. La vue de ces coquillages, c'est encore en quelque sorte la patrie, parce que tout ce qui joue un rôle dans notre vie y tient par tous ces liens, parce que rien n'est insignifiant dans cet immense tableau du pays où les plus grandes gloires sont à côté de ces riens charmants qui nous attendrissent. En un mot, la Patrie, c'est tout ce qui constitue la France, aussi bien les splendeurs de Paris que l'humble hameau, aussi bien le berceau de la petite sœur que le cimetière où votre grand-père reposera bientôt.

Maintenant, mes chers petits, vous savez ce que c'est que la Patrie, votre cœur peut s'en représenter une image moins confuse.

Quand j'aurai esquissé la maison d'école, quand nous nous serons promenés ensemble dans la classe, lorsque nous aurons fait un tour dans la société, à la fois enfantine et sérieuse où vos places sont marquées d'avance, nous admirerons en les étudiant les merveilles de la France.

Nous voyagerons dans le coin de ciel qui est le sien, nous parlerons aux étoiles, et peut-être nous raconteront-elles leur histoire. Nous interrogerons le soleil, nous demanderons à la lune le secret de sa course, en apparence si vagabonde, en réalité si admirablement régulière. Nous causerons avec les nuages, nous nous promènerons enfin dans l'immensité de la voûte céleste, toujours si merveilleuse, soit qu'elle déploie ses splendeurs d'azur sans fond, soit qu'elle se voile de nuages, soit qu'elle répète les grondements du tonnerre lointain, soit qu'elle s'illumine de l'effrayante clarté des éclairs.

Puis nous reviendrons sur la terre, nous fouillerons jusque dans ses entrailles, nous descendrons d'un pied léger et sûr dans les gouffres qui cachent ces noirs volcans dont les mugissements sinistres épouvantent et dont la terrible explosion engloutit subitement ses victimes dans un tombeau de feu !

Remontant sur le sol, nous grimperons aux arbres, nous couperons des branches, nous ferons des fagots, nous brûlerons du charbon. Nous demanderons aux fleurs le secret de leur vie si courte, et si innocente. Nous demanderons aux papillons diaprés si c'est le ciel ou la terre qui jette à profusion ces couleurs si brillantes sur les corolles humides où les rayons du soleil se reposent avec amour et autour desquelles les perles de la rosée forment des colliers de diamants.

Fouillant dans le gazon que vous foulez aux pieds avec tant d'insouciance, nous interrogerons la vio-

Les fleurs.

lette et nous lui arracherons le secret de sa grâce modeste.

Nous chercherons à deviner ce que disent les petits ruisseaux qui babillent sans cesse, sans jamais se fatiguer, qui s'irritent parfois contre un obstacle, et parfois murmurent si doucement, qu'ils semblent chanter la joie de vivre et d'être de petits ruisseaux.

Sont-ils réellement aussi naïfs et aussi enfants qu'ils le paraissent, et n'ont-ils rien à nous apprendre?

Nous causerons aussi avec les grandes rivières; nous leur demanderons ce qu'elles disent aux roues des moulins en les faisant tourner, quelles histoires pleines de sagesse elles racontent aux poissons. Nous serons encore plus hardis, nous interrogerons la mer elle-même. Hélas! vous le savez déjà, la mer ne se borne pas à fournir aux jeux des enfants les algues dont ils se couronnent, le varech dont ils s'entourent la taille en manière de ceinture, ou les jolies boîtes de coquillages qui excitent leur admiration et leur envie à l'étalage des marchands; souvent elle s'irrite, et ses colères sont terribles. Alors les pauvres matelots sont en danger de mort, et de ces dangers naissent de sublimes dévouements, dont la patrie est fière et reconnaissante. Car, mes chers enfants, je ne me lasserai pas de vous dire et de vous le redire, le patrimoine d'honneur du pays se compose aussi bien du dévouement d'un obscur pêcheur que du génie d'un grand homme.

Nous demanderons au vent, ce grand roi des tempêtes, d'où il tire cette force irrésistible qui renverse tout, et ces rugissements qui font frémir les plus braves et mettent la mort dans l'âme des mères et des femmes de pêcheurs et de marins.

Sans effroi nous regarderons tous les monstres que recèle le sein de la mer, nous étudierons leur histoire, leur vie, leurs mœurs, et nous admirerons la bravoure et l'industrie de l'homme, qui les combat, qui les tue, et sait tirer parti de leurs dépouilles pour accroître le bien-être général.

Nous saurons comment naissent les perles, les coraux, les madrépores, comment on s'en empare, pour accroître d'autant la richesse nationale.

Mais la richesse nationale ne se compose pas seulement des productions de la matière, mise en œuvre par les mains de nos industrieux compatriotes, qui en centuplent la valeur : elle se compose aussi des monuments qu'élève sur le sol de la Patrie le génie de nos grands artistes.

Ainsi donc notre patrie à nous, la France, est belle de toutes les façons, par son aspect naturel et ses paysages, et par les ornements pleins de goût dont la parent ses enfants.

Mais la Patrie n'est pas seulement belle, elle est bonne.

C'est elle qui vous instruit et vous élève en payant l'architecte et le maçon qui construisent les écoles, et le maître qui vous fait généreusement part de son savoir. L'instruction développe l'intelligence, l'éducation forme le cœur, l'homme s'élève et s'améliore en s'instruisant ; et c'est à la sollicitude et à la bonté de la Patrie qu'il doit de s'ennoblir et d'ouvrir les yeux à une vie supérieure.

Aussi comme on l'aime, cette chère mère Patrie, et comme on se dévoue pour elle !

Quand vous lirez l'histoire, mes chers petits,

vous admirerez cette puissance magique du mot Patrie, qui fait que l'on pousse le désir de la servir jusqu'à sacrifier sa vie.

C'est bien sérieux tout ce que je viens de vous dire; c'est bien élevé pour vos jeunes intelligences, mes chers petits : mais plus tard, quand mes paroles passeront de votre mémoire à votre intelligence et à votre cœur, vous ne me blâmerez pas d'avoir emprunté à mon âme son langage le plus élevé pour vous parler de la Patrie.

Patrie! Famille! deux mots magiques qui charment ma vie et remplissent mon cœur! Et, en vous voyant, je me dis : Voilà l'avenir du pays; comme en regardant le foyer je me dis : Voilà la France en petit.

Laissez-moi vous dire ceci en terminant : Vous avez des devoirs envers la Patrie comme elle en a envers vous. Comme une mère, elle pourvoit à votre éducation, à vos besoins : comme un fils, vous devez l'aimer, la respecter, lui obéir. De même que la mère donne sa vie pour son enfant, de même l'enfant doit donner sa vie pour sa mère, sans marchander, sans faiblir, sans rien regretter : car à qui vous donne tout, vous devez tout. Mais si l'heure du dévouement n'est pas venue pour vous, vous ferez déjà quelque chose pour la Patrie en travaillant avec ardeur, afin de vous rendre capables de lui rendre plus de services.

C'est lorsqu'elle sera en danger, que votre amour pour elle devra se doubler de l'héroïsme patriotique.

A ce moment-là, je n'y serai plus, moi, pour vous dire : En avant !

Mais, quand il s'agit de sacrifices patriotiques, on ne trace pas d'avance un programme : c'est le cœur qui les inspire et la vaillance qui les accomplit.

N'est-ce pas, mes chers petits, que vous serez de braves soldats et que vous défendrez notre mère à tous, la Patrie ? »

Le grand-père se leva, et les enfants crièrent en applaudissant :

« Vive grand-père ! Vivent les soldats ! Vive la Patrie ! »

TROISIÈME PARTIE

L'ÉCOLE

La cloche venait de donner le signal de la récréation. immédiatement les salles d'étude furent

La classe pendant la récréation.

désertes, les écoliers s'empressant de courir au jeu
en laissant tout un attirail de vieilles feuilles tachées
d'encre, de plumes au bec rogné, des monceaux de

vieux papiers froissés sur lesquels un lecteur patient eût pu déchiffrer quelque ancien brouillon de problème.

Des miettes de pain trempaient dans des flaques d'encre, et des boulettes de papier mâché, lancées par des mains téméraires, s'étalaient sur les murs, en grossières étoiles irrégulières.

Des mouches curieuses volaient par la salle, heureuses probablement d'avoir un peu de repos; ou peut-être se racontaient-elles les unes aux autres les mauvais tours que leur jouaient les écoliers.

Une jeune femme à la mine souriante entra dans la classe, et, haussant doucement les épaules, comme aurait pu le faire une mère indulgente au souvenir d'une escapade de son fils, elle dit :

« Quels petits démons et quel désordre! Je suis sûre que les miens ne sont pas restés en arrière des autres; c'est si jeune, cela ne peut pas être parfait. Et d'ailleurs, quelle créature humaine est parfaite. Allons, bon! encore des mares d'encre sur le carreau. Je crois bien, après tout, que ce que j'ai de mieux à faire, c'est de les essuyer. »

Et la jeune femme se mit à nettoyer avec ardeur.

Pendant ce temps, les enfants couraient sur la route qui s'étend de la classe au village, et la grande rue, d'ordinaire si monotone, était animée par tous ces joyeux écoliers qui remplissaient l'air de leurs cris.

Les petits-enfants de M. Jarvis, au lieu de se
mêler aux jeux de leurs compagnons, se séparèrent
d'eux amicalement et arrivèrent dans la chambre de
grand-père, où d'énormes tartines de beurre frais
étaient rangées en bataille sur la table.

Le retour de l'école.

« Goûtez, goûtez, mes chers petits, leur dit M. Jarvis dès qu'il les eut tous embrassés. Prenez chacun
quelques cerises dans la corbeille, et allons au vieux
chêne par le chemin le plus long.

Il fait si chaud aujourd'hui, qu'on aurait presque
honte de ne pas aller se promener. Qu'est-ce qui
m'offre son bras ?

— Moi, moi, dirent ensemble huit petites voix.

— Je vous remercie, mes chers enfants ; cette

démonstration affectueuse, quoique naturelle, me fait plaisir, et je voudrais pouvoir me reposer sur vous tous à la fois : mais chacun aura son tour. Commençons par Jacques.

Louis et Emile, vous qui êtes à la fois les plus petits et les plus gourmands de la bande, vous avez déjà fini vos cerises; eh bien! faites un bouquet pour remplir les vases de la cheminée de Maman.

Hier, il vous en souvient, le sujet de notre causerie était bien sérieux, bien élevé : la Patrie! C'est si beau, ce sujet-là, qu'il faut employer le langage le plus épuré pour en parler dignement; aujourd'hui nous nous occuperons de l'école.

Une de vos chansons d'enfant dit : « Promenons-nous dans les bois tandis que le loup n'y est pas. » Nous autres, nous allons nous promener dans l'école pendant que le maître et les autres écoliers n'y sont pas. C'est-à-dire, entendons-nous : il fait trop beau pour que je vous renferme avec moi entre quatre murs; c'est en imagination que je veux vous promener dans l'école.

Voilà votre chêne; asseyons-nous à l'ombre de ses branches sur ce beau tapis si moelleux et si frais, et recueillez-vous une minute pour évoquer la vision de l'école que vous venez de quitter.

D'abord, voici la grande porte jaune toujours ouverte en signe de bienvenue, avec deux grosses colonnes de pierres de couleur. Au-dessus, sur le frontispice, nous voyons ces mots en grosses lettres : « Maison d'école. »

Entrons, l'école est un lieu hospitalier, et si l'église est la maison de Dieu, l'école est la maison de tous et particulièrement celle des enfants.

L'école.

Voilà ce grand banc vert dont les pieds de fer rouillé s'enfoncent dans l'herbe; mon petit doigt me dit que plus d'un bavard a été mis au piquet dans le coin pour avoir bavardé pendant la classe. Mais passons, et promenons-nous dans la cour.

Qu'elle est fraîche, cette grande cour, bien sablée, plantée d'arbres touffus. Comme on est bien à l'ombre de ces arbres, en été; et en automne, quand les feuilles tombent, comme c'est amusant de les mettre en gros tas, que l'on franchit à pieds joints. J'ai vu quelquefois, de mon temps, des batailles où l'on se lançait de grosses poignées de feuilles mortes.

Voilà le préau, qui vous offre un asile lorsque la pluie inonde la cour et empêche les jeux habituels. Les pierres gardent encore la trace de vos amusements. Ou je me trompe fort, ou ces lignes marquées à la craie indiquent les limites des quilles. Voici de grands ronds pour les jeux de billes. Aux poteaux pendent des cordes qui ont certainement servi à improviser une escarpolette. Et là, au fond, ce grand trapèze, avec son air tranquille, me parle de certaines culbutes et de certaines chutes, heureusement amorties par une épaisse couche de sciure de bois.

Elle est bien tentante, l'échelle de corde, avec ses petits bâtonnets placés de distance en distance. Il semble qu'on va les escalader du premier coup. On essaye en souriant, mais on s'aperçoit bien vite que l'adresse et le courage ne suffisent pas, il faut l'habitude qui s'acquiert à force de travail. Oh, la bonne chose que la patience !

Ils sont bien tentants aussi les anneaux qui pendent presque à portée de la main. « Que ce doit être amusant de se balancer à bout de bras », dit l'écolier qui les aperçoit pour la première fois. « Essaye », lui dit un camarade. Il essaye une première fois, puis une seconde. Mais bientôt il fait la grimace; il lui semble que ses bras vont se briser, que son corps est un poids monstrueux, qu'il a les doigts coupés, ou tout au moins paralysés pour le reste de ses jours. « Courage, petit commençant; ces douleurs qui te font grincer des dents sont des douleurs salutaires; car elles fortifient les muscles et les nerfs. Et tu le sais bien, petit soldat de l'avenir, un défenseur de la Patrie doit avoir des muscles d'acier pour le jour de la revanche. »

J'ai entendu des gens dire, en voyant le mât vertical : « Est-ce que l'on veut apprendre à mon enfant à grimper au mât de cocagne? La belle affaire! » Bonnes gens qui ne voyez pas très loin, il faut vous mettre dans l'esprit que chacun des instruments de gymnastique a sa raison d'être et son rôle dans le développement du corps humain.

Qu'est-ce que j'aperçois à travers cette grille? C'est le jardin du maître? Quel ordre, quelle régularité! Quels beaux légumes, quels fruits appétissants! Quelles fleurs charmantes! Vous savez, enfants, tout cela, c'est le bien d'autrui : regardez, mais n'y touchez pas; résistez à la tentation; sinon, vous commettriez un vol, un des actes qui dégradent le plus l'enfant ou l'homme.

Rappelez-vous donc que ce jardin est au maître, qu'il a été rendu productif par son travail,

et que vous n'avez d'autre droit que de regarder
à travers la grille. La vue n'en coûte rien, comme
disent les bonnes gens; et
tenez-vous-en toujours à la
vue.

Quels fruits appétissants!

Mais, à propos de vue,
voici un objet moins agréable
à l'œil que les fruits et les
fleurs du marché : c'est la
grosse cloche noire qui
annonce le commencement et la fin des exer-
cices.

Quand on tire la corde, et que le battant frappe
les parois de métal, la cloche rend toujours le même
son, et pourtant, comme les
modulations en sont différentes à vos oreilles lorsqu'elles signifient : « Rentrez
en classe; paresseux, hâtez-
vous donc! » Ou bien : « Mes
amis, assez de travail comme
cela; serrez vos livres et allez
jouer dans la cour! »

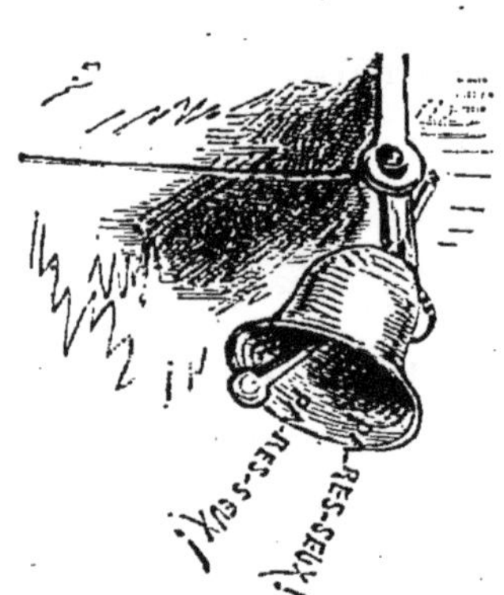

Pour presser les paresseux.

Ces fenêtres auxquelles le
chèvrefeuille fait une guirlande gracieuse et parfu-
mée sont celles du logement de l'instituteur.

C'est à cette embrasure, où les petits oiseaux
viennent becqueter les miettes de pain, que vous

avez souvent vu la douce figure de la femme du maître. Elle est là, patiente comme une mère, initiant vos jeunes sœurs à la couture. Parfois elle demande au grave professeur la grâce de quelque gros joufflu qui a péché par étourderie et non par méchanceté.

Elle initie vos jeunes sœurs à la couture.

Elle ne réussit pas toujours, et quelquefois le maître dit : « Cette fois-ci, ce garçon a besoin d'une leçon. » Et moi, qui suis un vieux grand-père, moi qui adore les petits enfants, moi qui ne puis pas les voir pleurer sans m'attendrir, je dis que le maître a raison. Tu seras le premier à l'avouer plus tard, gros joufflu qui pousses à cette heure des soupirs à fendre l'âme.

En passant devant la fenêtre dont je viens de vous parler, n'oubliez pas de lever votre casquette. Je n'ai pas besoin, n'est-ce pas, de vous dire pourquoi?

Voici la classe, le sanctuaire de l'enfance, la salle hospitalière où vous êtes tous reçus par droit de naissance. Par définition, c'est le sanctuaire du recueillement; mais que d'accrocs vous faites à la définition lorsqu'il vous prend fantaisie d'attraper une mouche, de pincer le voisin, de lui conter des histoires ou de lui faire part de vos réflexions saugrenues.

Je sais bien que l'enfant est un être léger; mais je sais bien aussi qu'il est capable d'entendre une bonne parole et d'y réfléchir. La parole que j'ai à vous dire, la voici : « Chaque chose en son temps; il y a un temps pour rire à cœur joie, et un temps pour écouter le maître. Dissipé, l'enfant s'expose à être puni; mais, à supposer qu'il échappe au regard du maître et à la punition qu'il mérite, il a perdu un temps qu'il regrettera plus tard : il a manqué l'occasion d'acquérir une connaissance nouvelle, et d'éclaircir dans son esprit une idée acquise précédemment; il s'est rendu moins capable de bien servir le pays et même de veiller à ses propres intérêts dans l'avenir.

Le travail est non seulement une loi naturelle, une nécessité, mais aussi un délassement, un plaisir. Oui ! un plaisir, le mot n'est pas trop fort. A votre âge, on n'est pas, peut-être, très épris de ce plaisir-là; mais, quand on est un enfant bien élevé et respectueux, on croit sur parole les personnes âgées lorsqu'elles affirment que le travail est un plaisir.

Et maintenant, ne vous en tenez pas seulement à la parole de vos aînés, regardez autour de vous, et vous verrez que le travail est une loi naturelle, une nécessité, et, comme je vous l'ai dit, un plaisir.

Au foyer paternel, le père n'est-il pas toujours occupé? Dans un bureau, il passe de longues heures à écrire; courbé sur un comptoir, il fait valoir ses marchandises; à l'atelier, il confectionne des chapeaux ou des chaussures; aux champs, il laboure et fait prospérer ses terres; sur un vaisseau, il lutte contre les flots; à l'armée, il défend le pays. Vous le voyez, constamment il travaille, et vous donne l'exemple. Comment ne rougiriez-vous pas d'être paresseux?

Et votre mère, est-elle oisive? Tout en berçant le dernier né, elle surveille la cuisine et reprise vos bas, et vaque aux mille occupations d'une bonne et active ménagère.

Et les domestiques? croyez-vous qu'ils restent les bras croisés? Ne me dites pas que c'est précisément leur métier de travailler. Travailler est le métier de tout le monde, seulement les travaux varient selon les conditions; voilà tout. Le maître d'école se livre à un travail intellectuel; le cordonnier, le menuisier, exercent des métiers manuels. Les domestiques ont des occupations spéciales. Voyez-

les monter de la laiterie pour grimper aussitôt
au grenier, puis redescendre à la cuisine, pour
frotter avec vigueur les belles casseroles rouges
où le soleil se mire. Voilà ce qui s'appelle prêcher
d'exemple.

Elle dirige l'aiguille agile.

Notre chien Fox est un tapageur, j'en conviens,
et peut-être un peu de modestie ne lui messiérait
pas; du moins il travaille à sa manière, puisqu'il
a assez d'instinct et de bonne volonté pour porter
le dîner aux travailleurs dans les champs. Quant
à Phénix, on peut dire qu'il gagne bien son pain,
à maintenir journellement les brebis en bon ordre,
et à étrangler un loup de temps à autre.

Le cheval travaille, le bœuf travaille, et c'est hon-
nêtement, à la sueur de tout leur corps, que les

bonnes bêtes gagnent le droit de manger du foin et de la luzerne.

Les nids des oiseaux sont des merveilles de travail et d'industrie.

Vous avez quelquefois glissé une main coupable dans les creux des arbres.

Que dire des abeilles ? Au travail dès l'aurore, elles volent sans jamais se reposer, d'une fleur à une autre, se chargent de pollen, viennent le déposer, après l'avoir transformé en miel, dans ces jolies petites cases de cire qu'on appelle des alvéoles.

Donc, dans la nature, aucun être n'est oisif. Du foyer au champ, de la fleur à l'arbre, il y a du travail pour tous.

Celui qui essayerait de se soustraire à cette loi de la nature serait indigne de profiter de tant ae bienfaits. Voilà ce que vous apprend votre excellent maître, par son exemple comme par ses préceptes.

En chemin, vos yeux ne s'arrêtent que sur des travailleurs, et vous, vous n'auriez pas honte d'entrer dans ce sanctuaire du travail avec un esprit de nonchalance ou de dissipation! Non, vous n'avez pas le droit de vous soustraire à la loi universelle.

Vous le comprenez, n'est-ce pas, mes chers petits? La base de toute chose, c'est d'abord le travail; et c'est par le travail que l'homme se perfectionne, s'enrichit, s'élève et s'ennoblit!

Entrez donc dans la classe, le véritable sanctuaire du travail, avec le désir de travailler. Examinons, maintenant que nous sommes dans l'atelier, les outils du travailleur, qui est ici le petit écolier.

Regardez ces grands murs tout couverts de cartes. Voici la France, notre chère Patrie. Voyez ces fleuves figurés en rouge, qui arrosent les petites et grandes villes figurées en noir, placées sur leur passage. Regardez les hautes montagnes et les collines qui séparent les bassins et les vallées. Examinez cette mer qui vous sépare de l'Angleterre, et où les ports sont désignés par des croix de couleur.

Ne vous semble-t-il pas voir les signaux les feux illuminant tout à coup la Manche d'une lueur fantastique? ne vous figurez-vous pas ces splendides

Voyez ces splendides vaisseaux : c'est un fruit du travail.

vaisseaux qui voguent vers un but fixé d'avance?
Tout cela est le fruit du travail.

Examinez ces canaux aux contours bleus, creusés
par les hommes, dont le génie vient ainsi en aide à
la nature. Grâce aux canaux, on nous apporte les
bois précieux des îles lointaines, les fruits savoureux qui ont mûri sous un climat plus chaud. Ce
sont ces canaux, fruit d'un long et pénible travail,
qui servent à faire connaître tous les produits de
notre industrie dans ces terres lointaines où l'on
admire les jolies choses qui viennent de la France.
Et ces bassins creusés avec art par des milliers de
mains habiles, ne vous racontent-ils pas une histoire de travail!

Voici l'Océan qui borne la France d'un côté, cet
Océan plein de tempêtes, ce grand capricieux, qui
tantôt s'amuse à fracasser d'un seul coup un vaisseau de haut-bord, et à éteindre à la fois des cen-
taines d'existences humaines, tantôt respecte le plus
chétif radeau, et le pousse presque avec douceur
jusqu'à une côte où le naufragé peut vivre en atten-
dant le passage d'un navire. Rappelez-vous Robinson Crusoé et ses aventures. Tenez, sans le travail,
Robinson serait mort de faim ou de désespoir;
c'est le travail seul qui, en remplissant sa solitude,
lui donnait la force de continuer une existence en
dehors de toutes les lois ordinaires.

Voici maintenant des montagnes frontières, les

majestueuses Pyrénées, qui nous séparent de l'Es-
pagne. Voici la Méditerranée et ses flots bleus, qui
ne connaissent pas le flux et le reflux, comme les
eaux des autres mers. Tenez, voilà Nice, que l'on
appelle avec raison la ville des fleurs, avec son ciel
enchanteur.

Les montagnes.

Remontant les frontières de l'Italie, vous voyez
que là, pour franchir le mont Cenis, on a creusé
un tunnel en perçant la montagne. Ce tunnel est
une des dernières merveilles du travail et de l'industrie !

Et ces lignes de chemins de fer qui sillonnent toute
la France et vous transportent si rapidement d'un
lieu à un autre, ne vous donnent-elles pas une

grande idée du génie humain, de la persévérance humaine et du travail humain?

Encore des montagnes ! Cette fois, c'est la Suisse, le pays des montagnes par excellence. Voici le Jura et voici les Vosges.

C'est le cœur triste et l'œil humide que nous passons devant nos chères provinces, l'Alsace et la Lorraine, qu'un sort cruel a séparées de la France, mais qui appartiennent toujours de cœur à la patrie.

A côté de la carte de la France, voici celle de l'Europe. La France n'y tient qu'une bien petite place; mais, dans l'estime du monde civilisé comme dans nos cœurs, elle a la première et la plus grande.

Ce sont encore les chemins de fer qui nous facilitent les communications avec ces pays étrangers dans lesquels on a creusé aussi des canaux, des bassins, pour étendre le transport et l'échange des marchandises. Si la France est un des pays les plus industrieux, les autres nations suivent son exemple, et vous voyez que partout le travail est une nécessité.

Voici l'Afrique avec ses déserts immenses qu'un soleil brûlant baigne de ses rayons de flamme.

L'amour de connaître, qui est une des formes de l'amour du travail, a poussé les voyageurs à explorer ce vaste continent, pour l'ouvrir aux efforts de

Les hautes montagnes de la Suisse.

ces autres travailleurs que l'on appelle les indus-
triels et les commerçants.

A droite, voilà l'Amérique avec ses splendides
forêts vierges, son sol fertile, ses immenses pampas,
ses vastes savanes. On l'appelle le Nouveau Monde,

Le Sahara.

car elle n'a été découverte qu'au quinzième siècle,
par Christophe Colomb. Encore un héros du travail ! Les habitants des États-Unis d'Amérique se
font remarquer par leur génie pratique appliqué à
l'industrie.

Voici l'Asie, la plus grande des cinq parties du
Monde. Vous voyez l'Himalaya, dont les cimes sont
couronnées de neiges éternelles. L'Asie a de grands
fleuves, dont quelques-uns ont jusqu'à 3500 kilo-
mètres de cours ; elle a aussi ses arts, ses produits
merveilleux ! Car on travaille partout, même dans

Débarquement de Christophe Colomb en Amérique.

cette partie du Monde que l'on nous représente souvent comme la patrie de l'indolence et de la paresse.

Enfin, voici l'Océanie avec toutes ses îles ! Le sol très fertile produit des fruits exquis.

L'Océanie fut vaguement entrevue au treizième siècle ; mais on ne commença à l'explorer qu'au seizième ; on n'avait sur elle que des notions encore

Village de l'Océanie.

très imparfaites. Des explorateurs célèbres l'ont étudiée et nous ont rapporté des données plus justes. La Pérouse, Dumont d'Urville multiplièrent aussi les découvertes.

Mais ce coup d'œil si rapide sur les cartes géographiques qui ornent la classe nous prouve que les habitants de chaque pays possèdent des facultés particulières qu'ils développent par leur travail.

L'Himalaya.

Les uns sont navigateurs et arrachent à la mer tous ses secrets pour les mettre au service de l'industrie. D'autres cultivent intelligemment le sol et ajoutent encore à sa fertilité naturelle. D'autres chassent les bêtes féroces et en préparent les fourrures dont ils font un commerce lucratif. D'autres prospèrent par les arts. Mais toute richesse a pour point de départ et pour point d'appui le travail.

Voici maintenant le tableau noir ! Là craie est là toute prête pour inscrire vos calculs ; et le torchon aussi est tout prêt au cas où il y aurait quelque erreur à faire disparaître.

C'est sur ce tableau que péniblement vous avez tracé vos premiers 1 ; ils n'étaient pas toujours très droits, vos premiers 1, ni très bien portants, mais peu à peu ils se sont affermis, grâce à votre patience, grâce aussi à celle du maître. C'est là que vous avez fait vos premiers comptes, cherchant combien vous rapporteraient les œufs de votre poule blanche.

C'est sur cette même planche noire que souvent vous admirez le modèle d'écriture tracé par la main habile du maître. C'est là que tous vos camarades viennent, chacun à son tour, faire un total énorme de rangées de chiffres et de zéros, et que les plus forts calculent le prix de la ferme ou du champ.

C'est sur ce tableau que vous élevez des montagnes aux arêtes épineuses, en traçant la carte du Jura ou des Pyrénées ; c'est là que vous arrosez d'une main trop libérale les villes tranquilles qui se croyaient à l'abri des inondations, n'ayant jamais eu le moindre cours d'eau à proximité. Des moindres ruisseaux vous faites de grandes rivières, qu'un coup de chiffon du maître fait à propos rentrer dans

Le tableau noir.

leurs rives étroites. C'est là aussi que, sans respect pour la topographie, vous tracez des canaux qui coupent les montagnes. On voit bien que vous ne savez pas ce qu'il en coûterait pour parfaire sur le terrain les opérations que vous exécutez si lestement sur le tableau.

Mais bah ! un geste suffit pour rétablir tout dans l'ordre naturel, et le torchon seul peut garder quelques empreintes de ces bouleversements auxquels vous soumettez la France, à vos premières cartes.

Entre les fenêtres qui donnent sur la cour, voici un tableau d'histoire naturelle.

Les trois races principales y sont bien représentées. Voyez la première figure, trouvez-vous que ce soit un visage de connaissance? Oh oui ! n'est-ce pas? Voilà bien les cheveux bruns et souples de votre père, mes chers petits, ses yeux bleus où la vivacité de l'intelligence s'allie à la douceur, son nez

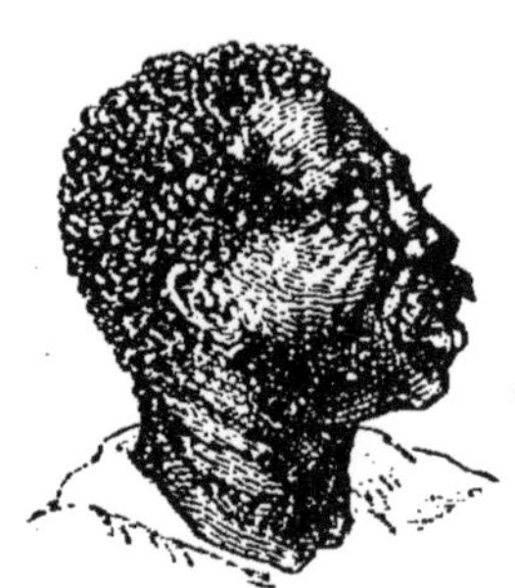

Race blanche.   Race jaune.   Race noire.

droit, sa bouche souriante : c'est bien là le type de la race blanche, le portrait plus ou moins ressemblant de tous les Européens.

La deuxième figure est le type de la race jaune. Voyez ce teint foncé, ces petits yeux noirs, dont les paupières se relèvent et se brident aux coins extérieurs, ces sourcils qui ressemblent à des moustaches, ces cheveux raides et cette tête allongée.

Voici une figure sombre qui se détache d'une

façon fantastique sur le papier blanc : c'est le type de la race noire. En effet, les hommes qui appartiennent à cette race ont le teint noir aussi bien que les yeux, les cheveux crépus comme de la laine, la peau luisante, le front bas et étroit, les lèvres rouges, très épaisses.

Votre maître vous a dit, j'en suis sûr, en vous montrant les différents types du genre humain sur la carte, que les nègres ne sont pas aussi favorisés de la nature que les autres races. Ils sont travailleurs à leurs heures, parfois très paresseux ; on a souvent employé des corrections énergiques pour leur inspirer le respect du devoir. Il n'y a pas encore un siècle, ces pauvres nègres souffraient toutes les tortures et toutes les humiliations.

On les arrachait à leur famille, à leur pays, puis on les vendait comme esclaves dans les colonies, où ils étaient constamment occupés à un labeur pénible, mal nourris, traités comme des chiens !

On trafiquait de leur personne comme d'une marchandise ; ce commerce s'appelait la traite des nègres. Il a été aboli par toutes les puissances européennes et américaines.

Mes chers petits, si vous visitiez des ports de mer, vous rencontreriez beaucoup d'étrangers, vous verriez souvent des nègres. Si, comme vous en avez le projet, vous allez pendant ces vacances chez vos amis, au Havre, vous en rencontrerez certainement.

Ne les humiliez pas si le hasard vous rapproche d'eux en mer ou ailleurs; si ces nègres vous rendent quelques services, sachez les reconnaître avec bonté, et remerciez poliment cet homme noir, absolument comme s'il avait la peau blanche.

Rappelez-vous toujours qu'un cœur d'homme bat

Les nègres étaient vendus comme esclaves.

sous cette enveloppe, que la patrie universelle est le monde, et que la grande famille est toute l'humanité.

Voici d'autres tableaux où vous retrouvez des êtres qui vous sont bien connus.

Le chien avec ses yeux intelligents, sa tête fine et ses longues oreilles, c'est l'épagneul, l'ami du foyer.

Plus loin, son frère, au regard rude, aux larges pattes, à la queue courte, c'est le gardien de la maison.

Le chien.

Et là, près de la charrue, voilà le cheval, ce ser-

Le cheval.

viteur soumis et diligent, qui remplit si bien sa tâche à la prairie ou sur la route.

Puis, le bœuf paisible, avec ses gros yeux doux

qui sourient à la luzerne fraîche. Voici l'âne, qui
bâille en regardant les sacs de farine qu'il va porter au moulin.

Le bœu..

La vache et son petit veau arrachent des feuilles
vertes à la haie. La chèvre capricieuse bondit dans
la prairie, la voilà avec ses yeux malins, son museau

Louis le berger.

fin et son cou allongé. Voici les brebis et leurs petits
agneaux blancs. Ne vous semble-t-il pas reconnaître
Louis le berger, qui garde son troupeau assis à

l'ombre du gros chêne des Églantiers, son grand chapeau de paille sur l'oreille, tantôt le chalumeau aux lèvres, tantôt occupé à vous tresser des petits paniers, pendant que le gros Dog empêche les moutons de franchir la limite. Ce tableau représente bien tout ce qui vous est familier. Les animaux qui peuplent l'étable ou l'écurie, les voilà tous ; on n'a même pas oublié le porc grognon ; il est dans le

La chair du porc fait d'excellentes côtelettes et de succulents rôtis.

coin avec son groin allongé vers le ruisseau dans lequel il vient de prendre un bain de boue ; soyez sûrs qu'il a cherché l'endroit le plus sale pour s'y vautrer à l'aise.

La chair du porc fait d'excellentes côtelettes et de succulents rôtis ; comme le lard parfume bien les choux, et comme il paraît délicieux à ces rudes travailleurs qui se sont courbés tout le jour sous les rayons d'un chaud soleil de juillet !

Et quel est ce superbe animal qui étale une roue princière, qui marche à pas comptés au milieu de ses frères et rejette majestueusement en arrière sa tête noire ornée d'une crête cramoisie.

C'est un dindon. C'est lui en effet qui prend des airs de roi de basse-cour et s'enfuit cacher sa mine

Le dindon.

piteuse derrière les orties, lorsqu'il voit apparaître Catherine armée de son couteau.

Et toutes ces petites têtes qui sortent de la mare? Ce sont celles des canards, ces canards que la poule noire a couvés et qu'elle surveille avec inquiétude, piétinant au bord de l'eau.

Voici les poules à la suite du coq. Lui, il avance lentement sans se gêner vers la petite maison verte où la prévoyante Marguerite a mis toute une provision d'escargots.

Quels sont donc les habitants de cette maisonnette couverte de chaume?

A notre approche, ils s'enfuient au fond de leur logement et dressent les oreilles avec un mélange d'attention et d'inquiétude. Ce sont des lapins, je crois. Oh! les peureux. Vous voyez, on les a bien représentés au naturel. Et tenez, ce gros gris qui

Les canards.

nous contemple de ses yeux ronds à travers les petites lattes de la porte, je crois que c'est Jean Lapin qui fait le fanfaron pour se donner de l'importance devant ses camarades.

Une autre planche fait pendant à celle des animaux domestiques, et nous avons tout le loisir de regarder le renard avec ses yeux rusés et son fin

museau; l'écureuil, à la queue en panache mobile
et aux dents fines, serrant son fruit préféré dans ses
pattes de devant comme dans deux petites mains
sèches et nerveuses; le singe, grimaçant; le che-
vreuil, aux jambes fines, occupé à se mirer dans
l'eau; le cerf agile, aux cornes rameuses, qui par-
court la forêt par bonds légers. Voici enfin le lion,
le roi des animaux, avec sa crinière superbe, sa
queue redoutable, ses yeux farouches et ennuyés,
son air majestueux et terrible.

L'ours.

Le tigre, avec ses yeux sauvages, sa gueule armée
de dents menaçantes, regarde la gazelle, dont les
yeux sont si doux; elle s'enfuit toute tremblante à
la vue de cet ennemi terrible, toujours altéré de
sang.

Plus loin, le serpent, enroulé autour d'un arbre,
plonge le regard de ses yeux magiques dans ceux

Le roi des animaux.

de l'oiseau, dont le vol est suspendu par cette fasci-nation redoutable.

Le paisible chameau, avec sa double bosse, regarde son conducteur de ses yeux tranquilles et ennuyés.

L'ours, aux instincts sanguinaires, aux petits yeux méchants, semble prêt à s'élancer sur sa proie.

L'éléphant.

L'éléphant, avec ses gros pieds lourds, sa trompe mobile, ses petits yeux spirituels et ses larges oreilles semblables à des plantes tropicales, et ses grandes défenses d'ivoire, nous parle éloquemment de cette belle et forte nature qui lui a donné tant de puissance et aussi tant de commisération pour ces pauvres pygmées, les hommes, qu'il pourrait écraser sans y prendre garde.

Nous voilà revenus près de la porte. Jetons un coup d'œil sur ces longues rangées de pupitres. Ils sont noirs, luisants; quelques-uns sont agrémentés de sculptures tracées par une main novice; d'autres sont couverts de dessins à la craie, qui n'ont rien d'artistique non plus; il y a même des additions ébauchées, un quotient resté à moitié chemin, le modèle d'écriture et une partie du cours de la Loire.

Que de choses, pour quiconque réfléchit un peu, dans si peu de place! Levons au hasard un des couvercles de ces pupitres. Que vois-je? Jacques. C'est le tien, le quatrième à droite. Comme il est mal rangé!

Dans quel état sont tes cahiers! Que va dire ton père lorsque tu lui apporteras le premier qui sera fini? Tu as beau marmotter quelque excuse entre tes dents, tu n'en es pas moins un écolier sans soin. Tu dis que c'est un cahier de brouillon. Mais est-il absolument nécessaire qu'un cahier de brouillon soit sale et taché d'encre? Ton maître t'a déjà fait des reproches à ce sujet; je joins mes reproches aux siens; tu m'as promis de mieux faire, et voilà le résultat de tes promesses! Regarde le pupitre de

ton cousin. Quelle différence! Il semble beaucoup
plus grand que le tien, parce qu'il est mieux rangé.
Tous les livres sont recouverts avec soin, les cahiers
n'ont point de ces cornes et de ces pâtés qui désho-
norent les tiens; on n'y rencontre point de bons-
hommes; on voit tout de suite que Joseph est un
écolier modèle et qu'il aime la classe. Mais passons.

La chaire du maître.

Voici enfin la chaire du maître! Ce meuble doit
être l'objet de votre respect, mes chers petits. C'est
de là qu'il vous surveille pendant toutes ces heures
qui vous semblent si longues aujourd'hui, mais que
vous regretterez plus tard, en songeant que vous
auriez pu les employer plus utilement avec plus de
profit.

Du haut de cette chaire descend sur vous cet enseignement qui fera de vous des hommes et peut-être
des citoyens dont la patrie sera fière. Votre maître,
qui sait mêler l'agréable à l'utile, vous raconte du
haut de cette chaire quelques-unes de ces jolies
histoires qui vous charment sur le moment et qui
vous donnent ensuite à réfléchir.

C'est sur cette estrade que vous montez pour rece-
voir une récompense lorsque vous avez bien fait
votre devoir.

C'est de là que le maître développe votre intelli
gence, élève votre âme et émeut votre cœur. C'est
de là encore qu'il vous fait voyager avec lui, en imagination, à travers le vaste monde. C'est de cette
chaire qu'il vous expose cette morale si simple et si
vraie, qui doit vous rendre meilleurs.

Il vous donne plus que sa vie : il vous consacre
toutes ses facultés; et c'est dans son cœur qu'il trouve
le mot paternel qui vous fait réfléchir à vos devoirs
envers la famille.

Il vous donne tous les trésors de son intelligence
en vous enseignant ce qu'il a appris lui-même à force
de travail et de réflexion; il vous consacre son temps
quand il est avec vous; et quand vous n'êtes plus là
sous ses yeux, il songe encore à vous, il passe sa vie
à étudier vos âmes pour en développer les meilleurs
sentiments.

Aussi c'est plus qu'un maître : c'est un ami que

vous n'aimerez jamais assez, et votre reconnaissance doit être sans réserve comme son dévouement.

Respectez-le, mes chers petits, aimez-le, car si un jour la patrie est fière de vous, c'est à votre maître que vous le devrez en partie.

Vous voyez donc, mes chers petits, que l'école, en un certain sens, est encore une seconde famille. Les frères n'y manquent pas, et nous parlerons d'eux demain en nous occupant de la société.

C'est à l'école que vous vous formez pour le bien, et c'est le maître qui a cette tâche si délicate d'élever vos âmes. De même qu'au foyer le père est le chef, à la classe l'instituteur est le maître, un maître paternel auquel vous devez une affection respectueuse. Ne craignez pas de le lui dire et de le lui prouver quelquefois, en le remerciant par un de ces mots qui viennent du cœur et qui sont sa plus belle récompense à lui ! »

Le grand-père se leva et les enfants battirent des mains en criant : « Vive notre école ! Vive notre maître ! »

QUATRIÈME PARTIE

LA SOCIÉTÉ

La voix de l'instituteur allait proclamer les places de la semaine, et dans la classe, si bruyante d'ordinaire au moment de la sortie, un profond silence régnait. Tous les enfants attendaient, avec impatience, leur sort renfermé dans ce petit cahier rouge, que le maître ouvrait lentement ; leur émotion bien naturelle s'exprimait à chaque nom par des exclamations que le professeur interrompait de temps en temps.

Tout était fini ! Chaque élève avait dans son sac son bulletin de la semaine et le regardait avec des yeux tristes ou joyeux, selon les notes qu'il contenait. Jacques, un des petits-fils de M. Jarvis, éleva triomphalement son carnet en l'air et dit :

« Premier, premier ! que dis-tu de cela, Emile, hein ? Que c'est un plaisir qui ne t'arrive pas souvent, tu es si paresseux ! tandis que moi, qui suis un travailleur, je serai lundi au premier bureau à la tête de la classe ! »

L'enfant à qui Jacques parlait était maigre. Il avait de grands yeux bleus profonds, dont le regard était adouci par de longs cils qui faisaient des franges soyeuses à ses paupières. Depuis peu de temps il fréquentait l'école, et ses semaines ne comp-

Le bulletin de la semaine.

taient guère que trois jours sur cinq, car il était souvent retenu chez lui, tantôt pour aider sa mère, tantôt pour se reposer, il était si délicat ! Les paroles de Jacques lui firent de la peine et il dit doucement :

« Premier ! c'est beau d'être premier ; mais toi, tu es si fort que tu n'as pas eu à gagner ta place autant de mérite que moi à être huitième, ne te vante donc pas tant. Quelle mine ferais-tu si je te dépassais un jour ? » Jacques fit comme s'il ne l'avait pas entendu et jeta sa casquette en l'air en répétant : « Premier, premier ! que va dire Grand-

Père ! » Justement M. Jarvis était à la porte, appuyé sur sa canne ; il causait avec le maître, qui lui racontait les succès de Jacques. « . is, comme il est orgueilleux, disait le bon instituteur ; c'est moins la joie de la récompense que le bonheur du triomphe qui se lit dans ses yeux.

— En effet, reprit M. Jarvis, j'ai déjà remarqué que mon petit-fils ne péchait pas par excès de modestie, et il faudra que je lui dise deux mots là-dessus. Ah! le voilà ! quelle figure rayonnante !

» Eh bien, mon ami, dit-il à Jacques, tu es donc premier? — Oui, Grand-Père. — Cela te fait plaisir, n'est-ce pas ? — Grand plaisir. — Mais le succès ne doit pas empêcher un enfant ou un homme d'être modeste. Et d'après ce que l'on me dit, la modestie n'est pas précisément ta vertu favorite. Appelle tes frères et tes cousins, allons immédiatement sous le vieux chêne, nous avons à causer. »

Toute la bande joyeuse accourut, et Jacques, prenant la tête du petit détachement, à la manière des tambours-majors, réclama la place d'honneur près de Grand-Père. Cette faveur était bien due à un premier !

Lorsque le cercle se fut formé autour du bon aïeul, M. Jarvis commença : « Hier, mes chers enfants, j'ai bien vu que vous faisiez un tout petit peu la grimace lorsque je vous ai annoncé le titre de notre prochaine causerie, et Charles a même dit :

« La Famille, la Patrie, l'École, c'était bien à notre portée et nous comprenions à peu près tout ce que Grand-Père nous disait, mais la Société! Qu'est-ce que c'est que cela? » Eh bien! mes petits amis, « cela », je l'espère, vous intéressera autant que l'école, car la société, ce n'est que l'école en grand, c'est une réunion de personnes qui vivent sous les mêmes lois, suivent les mêmes usages, ont les mêmes mœurs, les mêmes coutumes, les mêmes préjugés. Pour vous, la société se divise en deux parties bien distinctes : d'une part, la société des enfants; de l'autre, la société des grandes personnes. Vous avez des devoirs à remplir envers les deux, et nous allons les étudier. Celle qui a le plus d'attrait pour vous, c'est tout naturellement la société enfantine, et c'est d'abord dans celle-là que nous allons pénétrer. Commençons par la classe : Voici l'heure de la leçon; chacun se compose un air sérieux. Tous les yeux sont tournés vers la chaire du maître, on ferme les pupitres, on s'accoude et l'on suit du regard la longue baguette du professeur à mesure qu'elle appelle l'attention sur la splendide végétation du Midi ou sur les froides plaines du Nord.

Chacun se compose un air sérieux.

Les oreilles se tendent pour écouter les hauts faits des rudes guerriers, et l'on prend quelquefois des airs terrifiés en entendant le récit des cruautés de la guerre. Parfois, au beau milieu du récit, on entend quelqu'un qui dit à demi-voix : « Retire ton pied, tu me pousses ; toi, je te défends d'avancer ton coude sur ma place. » Et voilà la leçon troublée et le récit coupé en deux par ces enfants mal élevés. Ne font-ils tort qu'à eux, ces enfants? Non ! Ils dérangent aussi toute la classe et manquent de respect au maître.

En voici d'autres qui causent tranquillement de leurs petites affaires, sans se demander s'ils n'empêchent pas leurs camarades de profiter de ce que l'on dit. Ils sont absorbés dans la revision de leur dernier jour de congé et ils font des projets pour le jeudi suivant. D'autres donnent la chasse aux mouches, Dieu sait avec quelles intentions. Un autre taille son crayon avec bruit, ou bien bâille ou lance des flèches de papier. Cette conduite est contraire à toutes les lois du bon goût, du respect ; elle dérange les camarades plus grands et plus sérieux et elle donne le mauvais exemple aux petits.

Quand on doit vivre avec plusieurs personnes, on est tenu d'être pour ces personnes un voisin à peu près supportable. L'égoïsme, si condamnable au foyer domestique, est également répréhensible à

l'école ; il faut savoir se gêner, c'est-à-dire prati-
quer la politesse et la charité, pour vivre en paix au
milieu de la société.

Sans doute, mes chers petits ! Vous avez parfois
des mouvements de bonté et de générosité, vous
savez trouver dans votre cœur les bonnes paroles

Les enfants dissipés.

qui font que l'on accepte votre don ou votre au-
mône comme on accepterait vos baisers. Mais, à côté
de cela, il vous arrive, par mégarde, je veux le
croire, de prononcer des paroles peu aimables et
de commettre des actes que réprouve l'esprit de
bonté et de charité.

Le cœur de l'homme se sent porté, tantôt à aimer,

tantôt à ne pas aimer les gens, sans savoir pourquoi les uns l'attirent et les autres le repoussent. Le cœur des petits enfants est plutôt porté à la bien-veillance. Il est donc naturel, et en même temps désirable, que vous aimiez vos camarades. Les ca-resses sont un besoin de l'enfance ; sans qu'il sache pourquoi, l'enfant se sent attiré vers ceux qui lui tendent les bras, et c'est la nature qui le pousse à donner un baiser à sa mère, et à lui dire des pa-roles caressantes, qui l'attendrissent et la rendent heureuse.

Aussi on est douloureusement surpris lorsque l'on voit des enfants se dire entre eux des choses fort peu aimables, et même échanger des gour-mades. Mais ce qui fait le plus de peine, c'est de voir parfois le fort abuser de sa force et battre le faible.

Quelques-uns, sans aller aussi loin, repoussent durement les avances des autres et se moquent de leurs défauts corporels.

Si votre camarade est boiteux, pauvre ou dé-laissé, loin de lui reprocher son malheur, tâchez de le lui faire oublier à force de prévenances, de ten-dresse et de bonnes paroles.

Et si quelques-uns d'entre vous, plus irréfléchis que méchants, se déclarent contre le plus faible, vous avez non seulement le devoir, mais le droit de vous mettre à votre tour contre ces camarades-là ! Et l'enfant malheureux qui vous prenait tous en haine vous aimera, vous, et d'un ennemi vous vous serez ait un ami ! L'orgueil, ce conseiller perfide qui entraîne parfois au déshonneur par une fausse compréhension de l'honneur, vous dira bien : « Mais tout le monde va se moquer de toi si tu prends la défense de ce bossu que tout le monde repousse. Les camarades ne voudront plus de toi dans leurs jeux. Regarde donc comme il est laid, ton protégé ! Vois donc comme il est sale ! Ne lui fais point de mal, soit, mais ne prends pas sa défense, si tu ne veux pas être montré au doigt par tous les autres camarades. »

Si vous cédiez au respect humain, vous perdriez l'estime de vous-même, qui est la plus précieuse de toutes ; vous passeriez pour faible aux yeux de vos camarades ; car les enfants ne se piquent guère d'être logiques, et, après vous avoir poussé à un acte de lâcheté, ils seront les premiers à vous le reprocher. Sans compter qu'en obéissant au respect humain au lieu d'écouter votre cœur, vous perdriez peut-être l'occasion d'acquérir ce qu'il y a de plus précieux au monde, je veux dire un ami. Car le bossu reconnaissant fût devenu votre ami, et qui sait même si un jour il n'eût pas trouvé l'occasion de vous prouver sa reconnaissance.

Quand j'étais enfant, on m'avait donné pour mes étrennes un joli livre d'histoires. Il y en avait

Si quelques-uns se déclarent contre le plus faible, vous devez le défendre.

une entre autres qui me plaisait beaucoup et dont je me suis toujours souvenu. Écoutez-la.

On m'avait donné
un joli livre.

« C'était au mois de janvier; il y avait aux arbres des pendeloques de givre, et les toits étaient couverts de neige. La neige couvrait aussi la prairie, et tous les cours d'eau étaient gelés. Le soir arrivait, le ciel était sombre, le vent gémissait d'une façon lugubre dans les grands arbres.

Oh! qu'on était bien au coin du feu! et comme on plaignait de bon cœur les

La neige.

pauvres gens qui grelottaient tristement devant une cheminée vide et froide!

Par cette nuit glaciale, un pauvre enfant s'avan-
çait avec peine dans la neige, où s'enfonçaient à
chaque pas ses misérables souliers troués.

Un vieux cache-nez couvrait mal ses pauvres
oreilles rouges ; un vieux paletot brun dans lequel
le vent s'engouffrait ne protégeait guère ses épaules.

Un bâton à la main, cet enfant, qui paraissait avoir
une douzaine d'années, marchait, soufflant de temps
en temps sur ses doigts, et regardait la lune, dont la
lumière animait un peu cette morne solitude.

Tout à coup notre petit voyageur poussa un cri
de joie : il venait d'apercevoir une lumière : la flamme
joyeuse d'un bon feu dansant sur les vitres d'une
maison d'apparence confortable et hospitalière.

La grande horloge du village sonna dix heures !
L'enfant doubla le pas et vint frapper avec confiance
à la porte de la maison. Il espérait bien qu'on ne
refuserait pas l'hospitalité à un voyageur de son
âge.

Quand il eut frappé, il se fit un grand silence à
l'intérieur de la maison, qui, un instant auparavant,
retentissait de rires joyeux. Les enfants du logis se
regardaient un peu effrayés. Qui pouvait frapper
à une pareille heure ?

Le pauvre petit voyageur, le cœur tout tremblant,
se risqua à frapper une seconde fois. Un gros domestique qui pilait des noix se leva, et, d'un air d'importance, en toussant bien fort, il alla à la porte et

dit : « Qui est là ? » Toutes les oreilles se tendirent, et une petite voix tremblante répondit : « Moi ! — Toi ! qui toi ? » Notre petit voyageur, s'armant de tout son courage, dit à travers la serrure : « Un enfant orphelin qui vient demander un asile à de braves gens ; je vous en prie, laissez-moi entrer, je suis à moitié mort de froid. »

Le valet regarda le maître de la maison, et le maître de la maison regarda sa femme, qui s'empressa de répondre : « Ouvre, Léon, ouvre bien vite à ce pauvre petit. »

Léon obéit et tous les regards se tournèrent vers le nouvel arrivant, qui, tout rouge de confusion, la tête baissée, ne savait s'il devait entrer ou se sauver bien vite.

Le maître du logis, M. Mathieu, le prit par la main, et, l'amenant tout près de la cheminée, l'examina des pieds à la tête en lui disant : « Qui es-tu ? D'où viens-tu ? Comment t'appelles-tu ? Pourquoi cours-tu les chemins à pareille heure ? Qui est-ce qui a eu le cœur de t'envoyer promener dans la neige par ce temps-là ? Allons, voyons, réponds. Je ne suis pas un ogre. » L'enfant, troublé par cette avalanche de questions, ne savait à laquelle répondre et regardait la jeune femme de Mathieu qui berçait un gros bébé. La jeune mère dit à son mari : « Tu l'intimides, cet enfant, et puis il a froid, il a faim, n'est-ce pas, mon petit ?

— Oui, madame, répondit l'orphelin.

— Allons, viens te chauffer, assieds-toi sur ce tabouret, allonge tes pieds devant le feu. Jeannie va te donner une bonne écuellée de soupe; tu répondras après. »

L'enfant s'assit, tendit ses mains au feu, allongea ses jambes jusque dans les cendres, et, lorsque la bonne flamme eut ranimé ses membres engourdis, il remercia gentiment la jeune femme, qui lui avait fait prendre une goutte de cassis. « Mange, mange, disait-elle, tu me remercieras après. »

Et l'enfant mangeait la soupe brûlante qui lui réchauffait tout le corps.

Les domestiques ne disaient rien, chacun s'occupait sérieusement. Les servantes tricotaient, les valets épluchaient des noix, tout en jetant à la dérobée des regards curieux sur le nouvel hôte de la ferme. Quand le pauvre petit fut rassasié, il put répondre aux questions de M. Mathieu. « Je m'appelle Julien Lecœur, dit-il, j'ai eu douze ans à la Noël. Ma mère est morte le jour de ma naissance; j'ai à peine connu mon père, et j'ai été élevé par mon vieux grand-père, qui est mort hier.

» Nous vivions seuls dans une petite cabane isolée sur la lisière de la forêt, à deux lieues d'ici. Je fabriquais des paniers pour vivre, et mon grand-père les vendait avec les balais qu'il faisait. Nous n'avions pas tous les jours du feu et du pain, mais nous nous aimions beaucoup et nous nous consolions ensemble. Mais il est mort hier, je l'ai trouvé tout glacé près de la cheminée, et me voilà seul. Ce matin, des hommes noirs l'ont emporté, on l'a laissé quelque

Ce matin on l'a emporté.

temps à l'église du village le plus proche, puis on l'a enterré ! Et je ne le verrai plus ! »

Et Julien sanglota. Mme Mathieu le caressa ; mais son mari dit : « Allons, allons, petit, que veux-tu ? c'est ça la vie, nous mourrons tous. Je comprends que tu regrettes ton grand-père, mais, en fin de compte, cela ne nous dit pas ce que tu penses faire et pourquoi tu as eu l'idée de t'embarquer par un temps pareil ? Pourquoi n'es-tu pas resté dans ta cabane à continuer ton métier ? » Julien répondit : « Rester tout seul, oh non ! surtout à l'endroit où mon grand-père était mort. J'avais peur.

» Alors je me suis dit : Je vais marcher jusqu'à la

Je vendais des paniers.

première ferme, et là je demanderai de l'ouvrage. Je suis parti, je ne croyais pas avoir tant de chemin à faire ; j'ai vu votre lumière, j'ai entendu qu'on riait, j'ai frappé, et maintenant je vous prie de me garder chez vous, je travaillerai bien, vous serez content de moi. » Honteux de son audace, lisant un grand étonnement dans les yeux de M. Mathieu, Julien se précipita aux genoux de la jeune femme en la suppliant de le garder pour faire n'importe quoi, il emploierait tout son temps à satisfaire ses nouveaux maîtres.

« Ah çà, mon garçon, dit M. Mathieu, comme tu y vas, tu tombes sur les gens sans crier gare ! Tu as froid, on te réchauffe ; tu as faim, on te donne à manger : ça, c'est tout simple ; c'est d'obligation. Et puis tu t'imagines que nous allons te garder. Oh ! pour cela, non ; j'ai plus de domestiques qu'il ne m'en faut, et voilà Lubin, ce petit blondin-là qui se tient dans le coin, que je voulais renvoyer chez lui ; ainsi ce n'est pas pour te prendre, mon garçon.

— Que voulez-vous que je fasse ? répondit Julien. Que j'aille quémander de l'ouvrage de porte en porte ? Est-ce que je puis rencontrer ailleurs d'aussi bon monde que vous ? A la campagne, à cette heure, tous les travaux chôment, et l'on n'a point besoin de bras. Si vous ne voulez pas de moi, il ne me reste plus qu'à aller mourir de faim et de froid dans cette cabane là-bas ; je vous en prie, gardez-moi, vous ferez une bonne œuvre. »

La femme de Mathieu intercédait pour le petit malheureux, en disant que, si on ne lui trouvait pas un emploi pour les travaux de la ferme, il continuerait à tresser des paniers ; on trouverait bien à les vendre en allant au marché.

Faudra-t-il que je retourne à ma petite cabane ?

Mathieu fit bien encore quelques objections très judicieuses, parlant des fermages en retard, de la difficulté de nourrir une nouvelle bouche, l'hiver surtout ; mais, vaincu par les sollicitations de sa femme, il dit à Julien : « Allons, mon garçon, je vois bien qu'il faut que je te garde ; c'est dit, tu es de la maison. Léon, ajouta le fermier en se tournant vers le gros valet, apporte un broc de piquette, vous allez trinquer à la santé de Julien, le vannier de la ferme.

« — Ah ! dit Jeannie, comme cela se trouve bien que nous ayons un vannier, toutes les corbeilles ont besoin de réparations ; justement, il y a là de l'osier qui dort, on va pouvoir l'employer ! »

Et chacun, après avoir bu à la ronde et serré la main de Julien, souhaita le bonsoir au maître et alla se coucher.

M. Mathieu n'eut qu'à se louer de son nouveau serviteur.

Quant à notre petit ami, tout heureux, il remercia Mathieu, embrassa avec effusion la jeune femme et alla prendre possession d'un dessous d'escalier grand comme un cabinet, dans lequel Jeannie avait placé un lit.

M. Mathieu n'eut qu'à se louer de son nouveau serviteur. L'hiver il tressait des paniers, l'été il était faucheur, moissonneur, vigneron infatigable,

et il contribuait de toutes ses forces au bien-être de
la maison.

Trois ans s'étaient passés depuis que Julien faisait partie de la famille de Mathieu. Celui-ci, devenu
maintenant un des gros bonnets de la commune,

L'été il était faucheur.

venait d'être nommé maire, lorsque la guerre
éclata. Partout le sang ruisselait, la douleur était
peinte sur tous les visages, des pleurs coulaient
de tous les yeux.

Un soir, ce cri d'alarme retentit dans toute la
commune : « Voici les Prussiens ! » Ils étaient là en

effet, pillant de maison en maison. Arrivés chez le fermier, ils demandèrent cent sacs de farine. En vain, M. Mathieu leur représenta que dans toute la commune on n'en pourrait trouver autant. Ils les exigèrent néanmoins, et emmenèrent le maire comme otage, ajoutant que, si le lendemain matin les cent sacs n'étaient pas apportés au camp, le maire serait fusillé. Les soldats arrachèrent Mathieu des bras de sa famille désolée et l'emmenèrent. Julien n'avait pu voir la triste position de son bienfaiteur sans ressentir une douleur profonde. L'affection et la reconnaissance lui inspirèrent un projet plein d'audace, il rêvait de tirer Mathieu des mains de ses ennemis. Ils devaient partir dans une heure ; la nuit déjà envahissait peu à peu toute la plaine. Il courut au camp, se faufila en rampant et parvint à passer devant la sentinelle sans éveiller son attention. Puis, il se glissa jusqu'au chariot où était M. Mathieu, et, avec un rare bonheur, il put lui faire signe de lever doucement la couverture du chariot, de se laisser glisser le long des roues et de le suivre en rampant. M. Mathieu, grâce à Julien, parvint à quitter le camp et à rentrer dans sa famille.

Les larmes de chagrin se changèrent en larmes de joie. Julien fut fêté par tous les habitants de la ferme. Le lendemain, les ennemis n'auraient pas manqué de se mettre en quête de leur prisonnier ;

mais, le lendemain même, fut proclamé l'armistice, que la paix devait suivre. La commune garda le souvenir du dévouement et de l'intrépidité de Julien et le nomma maire dès qu'il fut en âge de l'être. Le village de X... est très fier de son maire, qu'il considère comme un véritable héros ! »

Vous voyez, mes chers petits, dit M. Jarvis, qu'un bienfait n'est jamais perdu et qu'il ne faut jamais dédaigner, ne fût-ce que par intérêt, de rendre service à ceux qui sont au-dessous de vous, de les aimer et de les protéger. Si toujours on observait ces sages préceptes, inspirés par le cœur, dictés par la raison, on n'aurait plus à déplorer dans la société cet égoïsme qui arrête la marche de la civilisation, et nous serions tous plus heureux !

Mes enfants, soyez donc bons les uns envers les autres, entr'aidez-vous, supportez-vous mutuellement, et donnez l'exemple à tous par votre entente cordiale et votre amitié sincère.

Plus tard vous serez des hommes, vos camarades deviendront aussi des citoyens, vous occuperez tous des situations différentes. Ne vous perdez pas de vue alors, continuez à vous tendre la main ; entretenez soigneusement ces amitiés d'enfance, qu'on retrouve avec tant de plaisir dans l'âge mûr et dans la vieillesse.

Un sage a dit cette phrase si juste : « Un véritable ami est un trésor. » Oui, c'est un trésor, car l'amitié est la vraie richesse qui ne s'épuise jamais. Soyez donc bons pour vos camarades, aimez-les et suivez toujours les premiers mouvements de votre cœur, ils vous porteront à la charité. De même que, dans la famille, cette affection si vraie que la nature a

Le foyer.

mise au cœur de l'homme console de toutes les peines, adoucit tous les maux, soulage toutes les misères, de même l'amitié aide à supporter toutes les vicissitudes dont la vie est remplie. Elle charme ces longues heures de loisir que la jeunesse emploie quelquefois si mal. Vous avez dû remarquer combien un serrement affectueux de main d'un de vos camarades adoucissait la peine que venait de vous causer une parole blessante.

Plus tard, quand vous serez des hommes, vous éprouverez des chagrins réels ; c'est alors que vous serez heureux de soulager votre chagrin, en le confiant à un ami d'enfance.

Mais quittons cette société enfantine, pour faire rapidement le tour de la société sérieuse, où vous prendrez un jour votre place.

Vous voilà en visite chez des amis de vos parents. Il y en a chez qui vous allez volontiers, parce qu'ils vous caressent ou vous gâtent ; pour ceux-là, vous êtes aimables et charmants. Parfois même vous abusez un peu des faiblesses qu'on a pour vous, et vous grimpez sans façon sur les genoux de M. C..., vous tirez la robe de sa femme, et quand, par politesse ou par amitié, on vous laisse prendre toutes ces petites libertés, vous vous enhardissez au point de toucher aux objets qui ornent la cheminée. Vous regardez d'un œil d'envie les fruits placés sur le buffet, et souvent, avec un sans-gêne des plus condamnables, vous touchez à ces fruits et vous vous en emparez. C'est une grave indélicatesse, et vous faites rougir votre mère, toute confuse d'avoir amené avec elle un enfant aussi mal élevé.

Quand, par bonté ou par intérêt, on vous interroge sur vos études, vos travaux, vous ne répondez pas, ou bien vous parlez avec une volubilité vaniteuse, occupant tout le monde de votre petite personne : faut-il donc vous rappeler que la modestie est la première qualité de l'enfance? Sachez-le bien, il est aussi mal à propos de vous vanter de vos petits succès devant les grandes personnes que d'écraser vos camarades, comme Jacques écrasait tout à l'heure Émile de sa place de premier.

Quand on admet un enfant dans la société sérieuse, on lui fait un grand honneur, et la meilleure façon pour lui de reconnaître la faveur qu'on lui fait, c'est de s'effacer, de se faire oublier; si on lui parle, il répondra poliment, mais il ne se mettra pas à bavarder. Le bavard parle de lui-même, de ses camarades, de leurs peccadilles, de leurs défauts, ayant bien soin de mettre en lumière ses propres qualités. Mais toutes ces niaiseries n'intéressent guère les grandes personnes; aussi souvent on interrompt le bavard et on lui donne ainsi une leçon, humiliante mais bien méritée. Quelquefois, par faiblesse, mettons par bienveillance, on vous laisse parler, mais, si l'on ne vous dit pas que vous êtes ennuyeux, soyez persuadés qu'on le pense tout bas, et il est assez probable que l'on évitera de vous inviter une autre fois. Que dire des indiscrets qui s'en vont racontant à droite et à gauche tout ce qui se passe à la maison paternelle et divulguent les petits secrets de famille? Que voulez-vous que l'on pense d'eux quand ils dévoilent les petites   scussions qui peuvent s'élever parfois entre leurs parents? Et de ceux qui retracent les faits et gestes des voisins, qui mettent sur le tapis telle histoire désagréable pour les personnes même auxquelles elle s'adresse? Tout fiers de leur importance, ils ne se gênent pas pour répéter les réflexions peu aimables faites par leurs parents ou leurs amis sur les personnes qui les reçoivent.

La vérité ne préside pas toujours à tous vos discours. Souvent vous avez mal compris ce qu'on a dit ou ce qui s'est passé ; mais peu vous importe, vous causez toujours, et, pourvu qu'on vous écoute, cela vous suffit. On rit de votre aplomb ou de votre sottise, et ce que vous prenez pour des applaudissements n'est souvent que de la moquerie.

Votre mémoire est-elle épuisée, vous faites appel à votre imagination, et, sans vous préoccuper, comme il le faudrait, de vous en tenir à la stricte vérité, vous brodez et vous racontez les choses, non comme elles se sont passées, mais comme vous imaginez qu'elles auraient dû se passer pour valoir la peine d'être racontées.

Mais vous ne trompez guère que vous-mêmes : après plusieurs expériences, on voit bien vite que l'invention jouait le rôle principal dans tous vos récits ; on ne vous croit plus, même quand vous dites vrai, et votre réputation en souffre. Les menteurs sont bannis de la société. Leurs camarades les repoussent, ils n'ont plus d'amis ; leurs connaissances mêmes les renient.. On les méprise et l'on a raison, car le mensonge est un vice d'esclave. Il est réellement trop facile de mentir pour cacher une faute; il est d'un homme, il est d'un enfant bien élevé et courageux, de dire la vérité, coûte que coûte.

Faute avouée est à moitié pardonnée, on vous l'a souvent dit et je ne saurais trop vous le redire ; et puis d'ailleurs, fallût-il subir le châtiment dans toute sa rigueur, il faut, il faut absolument respecter la vérité.

On découvre toujours un mensonge ; pour cacher sa faute, le mensonge en commet un nouveau, beaucoup plus grave, souvent même, à bout d'expédients, il fait retomber sa faute sur un innocent. Quelle lâcheté et quelle perfidie !

On vous fuit alors, et seul un repentir sincère peut vous rendre votre place au milieu des gens honnêtes. Oh ! mes chers petits, soyez toujours honnêtes. Avant l'estime des autres, cherchez à mériter la vôtre, c'est la plus précieuse. Soyez toujours d'accord avec votre conscience et, forts de votre innocence, vous pourrez fièrement braver l'injustice.

Tôt ou tard on reconnaîtra qu'on vous a accusés à tort; alors votre réputation de citoyen loyal sera bien établie et l'on aura en vous une confiance sans limites. Il se peut aussi (cela, hélas! arrive quelquefois) qu'on ne vous rende pas justice, mais vous aurez pour vous ce témoignage intime qui vient de la conscience. Souvent, sans altérer sensiblement la vérité, on fait des rapports indiscrets qui peuvent amener des brouilleries entre amis, des querelles entre les membres d'une même famille ; à défaut d'autre châtiment, comptez sur le remords, ce poids affreux qui pèse en secret sur le cœur et l'écrase en silence. Combien on regrette son étourderie, dont on comprend trop tard les tristes conséquences ; mais, hélas ! ce qui est fait est fait, et rien ne peut réparer ce qui est irréparable. Un moraliste a dit : « La parole est d'argent, mais le silence est d'or. » Méditez cette parole si vraie ; les enfants peuvent et doivent en faire leur profit comme les grandes personnes. Celui qui sait se taire sait aussi écouter. Or l'enfant ne sait rien de la vie ; en écoutant ceux que l'âge et l'expérience ont instruits, il s'instruit à son tour, sans avoir à traverser tous les déboires et toutes les épreuves au prix desquels on acquiert l'expérience. L'enfant a toujours quelque chose à apprendre ; l'homme jusqu'à son dernier soupir s'instruit encore dans le commerce de ses semblables. Puis, par déférence, l'enfant doit laisser la parole aux grandes personnes ; par politesse, il doit écouter ce qu'elles disent. J'espère donc, mes enfants, que vous écouterez et que vous réfléchirez avant de parler, et que toutes vos paroles seront empreintes d'une sage modération. J'ai remarqué aussi que vous n'étiez pas toujours assez empressés auprès des personnes qui viennent à la maison. Vous devez leur offrir une chaise, un tabouret sous les pieds, les aider à ôter leurs vêtements, leur demander de leurs nouvelles. Si elles ont à parler à vos parents, ne les obligez pas à vous dire de vous retirer; cela leur serait désagréable, à cause de vous surtout. Soyez respectueux pour les gens qui, par leur âge et leur position, ont droit à vos égards. Pour les vieillards, soyez plus que polis, plus que respectueux, soyez aimables et bons. Tout en eux est fait pour vous inspirer le respect.

Et puis songez que, si Dieu vous prête vie, vous serez vieux à votre tour. Vous récolterez alors ce que vous aurez semé aujourd'hui.

Voici Marguerite qui vient nous chercher. Je m'aperçois que j'ai oublié l'heure; cela m'arrive souvent au milieu de vous, mais je ne m'en plains pas, car c'est un devoir bien doux que j'accomplis en vous déblayant d'avance le chemin de la vie. »

FIN

TABLE DES MATIÈRES

FIN DE LA TABLE DES MATIÈRES

Coulommiers. — Typ. Paul BRODARD.